T0037813

PENSAR CON CLARIDAD

PENSAR
CON
CLARIDAD

Convierte los momentos
ordinarios en resultados
extraordinarios

SHANE PARRISH

DIANA

Obra editada en colaboración con Editorial Planeta – España

Título original: *Clear Thinking. Turning Ordinary Moments into Extraordinary Results*

© Latticework Publishing, Inc., 2023

Esta edición se publica con el acuerdo de Portfolio, un sello de Penguin Publishing Group, una división de Penguin Random House LLC. Todos los derechos están reservados.

© de la traducción del inglés, Gemma Deza Guil, 2023
Diseño de la maqueta: Tanya Maiboroda
Créditos de portada: © Sarah Brody
Adaptación de portada: © Genoveva Saavedra / aciditadiseño
Ilustración de portada: © Olaser / Getty Images
Fotografía del autor: © Peter Hurley

© 2023, Editorial Planeta, S. A. - Barcelona, España

Derechos reservados

© 2024, Editorial Planeta Mexicana, S.A. de C.V.
Bajo el sello editorial PLANETA M.R.
Avenida Presidente Masarik núm. 111,
Piso 2, Polanco V Sección, Miguel Hidalgo
C.P. 11560, Ciudad de México
www.planetadelibros.com.mx

Primera edición en España: noviembre de 2023
ISBN: 978-84-08-27764-4

Primera edición en esta presentación: abril de 2024
ISBN: 978-607-39-1002-6

Impreso en los tallvergeres de Bertelsmann Printing Group USA
25 Jack Enders Boulevard, Berryville, Virginia 22611, USA.
Impreso en U.S.A - *Printed in U.S.A*

Índice

Prefacio

Empecé a trabajar en una agencia de inteligencia en agosto de 2001. Unas semanas después, el mundo cambió para siempre.

De repente, todo el personal de la agencia se vio obligado a ocupar posiciones y asumir responsabilidades para las que no estaba preparado. Mi trabajo consistía en determinar continuamente cómo hacer cosas que pocas personas habían imaginado siquiera posibles. No solo tenía que resolver problemas complicados y nuevos, sino que había vidas en juego. Fallar no era una opción.

Una noche regresaba a pie a casa a las tres de la madrugada, tras una de nuestras operaciones. No había obtenido el resultado que esperaba. Sabía que tendría que reunirme con mi jefe por la mañana y explicarle lo que había sucedido y qué me había llevado a tomar unas decisiones y no otras.

¿Lo había pensado todo con detenimiento? ¿Se me había escapado algo? ¿Cómo podía saberlo?

Mi manera de pensar quedaría expuesta a la vista de todos, sometida a juicio.

Al día siguiente entré en la oficina de mi jefe y le expliqué el planteamiento que había seguido. Al acabar, le dije que no estaba preparado para hacer aquel trabajo ni para asumir el nivel de responsabilidad que exigía. Mi jefe dejó el bolígrafo sobre su mesa, respiró hondo y me confesó: «Nadie está preparado para este trabajo, Shane. Pero tú y este equipo son todo lo que tenemos en este momento».

Su respuesta no fue exactamente reconfortante. Por «equipo» se refería a doce personas que llevaban trabajando ochenta horas a la semana desde hace años. Y por «todo lo que tenemos» se refería a poner en marcha el programa más ambicioso que la agencia había acometido en generaciones. Salí de nuestro breve encuentro dándole vueltas a su respuesta.

Aquella noche empecé a formularme preguntas que continuaría explorando durante toda la década siguiente. ¿Cómo podemos razonar mejor? ¿Por qué las personas toman malas decisiones? ¿Por qué algunas consiguen de manera constante mejores resultados que otras que disponen de la misma información? ¿Cómo podía acertar con más frecuencia y reducir la probabilidad de obtener un mal resultado cuando había vidas en juego?

Hasta aquel punto de mi carrera, había sido bastante afortunado y, si bien quería seguir disfrutando de esa suerte, también prefería depender menos de ella. Si existía un método para pensar con claridad y tener una mayor capacidad de discernimiento, yo quería dominarlo.

Si te pareces a mí, nadie te habrá enseñado nunca a pensar ni a tomar decisiones. En la escuela, no se imparte ninguna materia titulada «Pensar con claridad». Todo el mundo parece esperar que sepas cómo hacerlo por ti mismo o que aprendas a hacerlo solo. Pero resulta que aprender a pensar, a pensar con claridad, es asombrosamente difícil.

A partir de aquel momento, durante varios años, me consagré a aprender a pensar mejor. Observé cómo adquirían información las personas, cómo razonaban y se comportaban en la práctica, y cómo sus acciones desembocaban en resultados positivos o negativos. ¿Se trataba simplemente de que algunas eran más inteligentes que otras? ¿O aplicaban sistemas o prácticas mejores? En los momentos decisivos, ¿era la gente siquiera consciente de la calidad de su pensamiento? ¿Cómo podía evitar errores evidentes?

Acompañé a las personas más experimentadas a reuniones. Me sentaba allí en silencio,* escuchando qué consideraban importante y por qué. Leí todo lo que cayó en mis manos sobre cognición y hablé con todo el mundo dispuesto a descolgar el teléfono.

Busqué a los titanes del sector** que parecían pensar con claridad de manera constante, incluso cuando los demás no eran capaces de hacerlo. Parecían saber algo que el común de los mortales desconocemos, y yo estaba decidido a averiguar qué era.

Mientras que el resto de nosotros nos dedicamos a perseguir la victoria, los mejores del mundo saben que deben evitar perder antes de poder ganar. Y resulta que es una estrategia sorprendentemente eficaz.

---

* De acuerdo, casi en silencio.
** Trabajar para una agencia de inteligencia abre muchas puertas que uno podría creer que están cerradas.

Para catalogar mis aprendizajes, creé un sitio web anónimo llamado Farnam Street, disponible en fs.blog, bautizado en honor a Charlie Munger y Warren Buffett,* dos personas que se ganan la vida reflexionando y que tuvieron un gran impacto en mi forma de contemplar el mundo.**

A lo largo de los años he tenido la fortuna de hablar con mis héroes, Charlie Munger y Daniel Kahneman, acerca del pensamiento y la toma de decisiones, así como con muchos otros profesionales, como Bill Ackman, Annie Duke, Adam Robinson, Randall Stutman y Kat Cole. Muchas de estas conversaciones son públicas y pueden escucharse en el pódcast *The Knowledge Project*. Otras, como el tiempo que pasé con Munger, deben permanecer en el ámbito de lo privado. Sin embargo, de todas las personas con quienes he hablado, nadie ha influido más en mi pensamiento y en mis ideas que mi amigo Peter D. Kaufman.

Miles de conversaciones me permitieron llegar a un conocimiento clave.

Para obtener los resultados que buscamos, tenemos que actuar. En primer lugar, debemos crear un espacio para la reflexión en nuestros pensamientos, sentimientos y acciones;

---

* La sede central de la sociedad tenedora Berkshire Hathaway, de la cual Warren Buffett es director ejecutivo, y Charlie Munger, vicepresidente, se encuentra en la calle Farnam Street de Omaha, Nebraska, Estados Unidos.

** Opté por un sitio web anónimo porque resulta que las agencias de tres letras suelen recelar de los perfiles públicos. Las cosas cambiaron desde entonces. Ahora, con lo que les cuesta reclutar personal, te permiten tener un perfil público. De hecho, en la actualidad, si bien las descripciones de sus puestos de trabajo son vagas, la gente suele poner el nombre del organismo para el que trabaja en el perfil de LinkedIn. Es importante ser consciente de que, cuando yo empecé, no existíamos, ni había ningún edificio con rótulo. La idea de tener un perfil público estaba a más de una década de distancia.

y, en segundo lugar, debemos utilizar de manera deliberada ese espacio para pensar con claridad. Una vez que domines esta habilidad, descubrirás que disfrutas de una ventaja imparable.

Las decisiones tomadas pensando con claridad te llevarán a empleos cada vez mejores y, a partir de ahí, irás cosechando éxitos.

Este libro es una guía práctica para aprender a pensar con claridad.

La primera mitad gira en torno a crear espacio para poder hacerlo. Primero identificamos a los enemigos del pensamiento claro. Descubrirás que la mayor parte de lo que consideramos «pensamientos» en realidad son reacciones sin razonamiento previo, impulsadas por instintos biológicos que evolucionaron para conservar nuestra especie. Cuando reaccionamos sin razonar, nuestra posición se ve debilitada y nuestras opciones son cada vez peores. Cuando creamos un ritual de respuesta a nuestros desencadenantes biológicos, generamos un espacio para pensar con claridad y reforzamos nuestra posición. Y entonces identificamos una serie de acciones y estrategias prácticas para dominar nuestras debilidades y apuntalar nuestras fortalezas, de tal manera que sepamos crear ese espacio también cuando actuamos bajo presión.

La segunda mitad del libro consiste en poner en práctica el pensamiento claro. Una vez que hayas consolidado tus puntos fuertes y hayas gestionado los débiles, cuando hayas logrado imponer una pausa entre el pensamiento y la acción, podrás convertir el pensamiento claro en decisiones eficaces. En la cuarta parte comparto las herramientas más prácticas que puedes emplear para resolver problemas.

Y por último, cuando ya domines la habilidad de usar los condicionantes predeterminados a tu favor en lugar de en tu contra y hayas aprendido a explotar al máximo esa herramienta que es tu mente racional, abordaré la que tal vez sea la cuestión más importante de todas: determinar cuáles son en verdad tus objetivos. Toda práctica con éxito en el mundo carece de valor si no está al servicio de obtener el resultado correcto, pero ¿cómo decidimos cuál es?

A lo largo de estas páginas, te expondré los planteamientos más efectivos para pensar de una manera de la que no suele hablarse. No emplearemos jerga específica, hojas de cálculo ni árboles de decisiones. En lugar de ello, nos centraremos en las habilidades funcionales que he aprendido de otras personas, que he descubierto por mí mismo y que he comprobado miles de veces en empresas, culturas y sectores diferentes.

Juntos desvelaremos el eslabón perdido entre la ciencia del comportamiento y los resultados en el mundo real, y convertiremos momentos ordinarios en resultados extraordinarios.

Las lecciones que recoge este libro son sencillas, prácticas e intemporales. Se fundamentan sobre todo en la sabiduría de otras personas y en mi propia experiencia poniéndola en práctica. Utilicé estas lecciones y estos conocimientos para tomar mejores decisiones en el seno de la agencia de inteligencia, para crear y expandir diversas empresas y, por sorprendente que parezca, también para convertirme en un mejor padre. Cómo las utilices tú es cosa tuya.

Si hay un eslogan que defina mi vida es: «Dominar lo mejor de lo que otras personas ya averiguaron», y este libro es un homenaje a esa creencia. Hice todo lo posible por atribuir esas ideas a quienes merecen el crédito por ellas. Probablemente haya dejado a alguien en el tintero, en cuyo caso me disculpo por ello. Cuando pones enseñanzas en práctica, se convierten en parte de ti. Tras dos décadas, miles de conversaciones con los mejores del mundo y más libros devorados de los que soy capaz de recontar, no resulta fácil recordar de dónde sale cada aprendizaje. Gran parte de ello quedó engranado en mi subconsciente. Pero cabe asumir que todas las enseñanzas útiles que contiene este libro son ideas de otras personas y que mi principal aportación es componer para el mundo el mosaico de lo que aprendí de quienes me antecedieron.

El poder de pensar con claridad en momentos ordinarios

Lo que ocurre en momentos ordinarios determina tu futuro.

Nos enseñaron a centrarnos en las grandes decisiones, en lugar de en los momentos en los que ni siquiera nos damos cuenta de que estamos haciendo una elección. No obstante, estos momentos ordinarios a menudo revisten mayor importancia para nuestro éxito que las grandes decisiones. Y no siempre es fácil apreciarlo.

Creemos que, si conseguimos solventar las cosas más importantes, todo lo demás encajará en su lugar como por arte de magia. Si elegimos casarnos con la persona adecuada, todo saldrá bien. Si escogemos la carrera profesional indicada, seremos felices. Si hacemos la inversión correcta, nos haremos ricos. Pero sucede que, en el mejor de los casos, esta idea es solo una verdad a medias. Puedes casarte con la persona más asombrosa del planeta, pero si la das por supuesta, tu matrimonio se acabará. Y puedes elegir la mejor profesión del mundo, pero si no te esfuerzas, no tendrás oportunidades. O puedes hallar la inversión perfecta y, al comprobar la cuenta de ahorros, descubrir que no tienes nada para invertir. Incluso cuando encauzamos bien las buenas decisiones, nadie nos garantiza que obtengamos los resultados que queremos.

No tenemos conciencia de que en los momentos ordinarios tomamos decisiones. Nadie nos da una palmadita en el hombro cuando reaccionamos a un comentario de un compañero alertándonos de que estamos a punto de echar gasolina al fuego. Por supuesto, si supiéramos que lo único que conseguiremos es empeorar la situación, no lo haríamos. A nadie le gusta tener pan para hoy y hambre para mañana y, sin embargo, es lo que suele ocurrir.

Los enemigos de pensar con claridad, los aspectos más primigenios de nuestra naturaleza, nos impiden ver lo que está ocurriendo, y con ello solo consiguen complicarnos la vida. Si reaccionamos airadamente al comentario de un compañero en una reunión, luego tenemos que hacer las paces. Y cuando nos empeñamos en demostrar que estamos en lo cierto en lugar de en obtener el mejor resultado posible, lo único que conseguimos es armar un lío que tenemos que resolver más adelante. Si discutimos con nuestra pareja el viernes, podemos echar a perder todo el fin de semana. No es de extrañar que tengamos menos energía, más estrés y la sensación de estar ocupados todo el tiempo.

En los momentos más ordinarios, la situación piensa por nosotros. No nos damos cuenta de ello entonces, porque esos momentos parecen insignificantes. Sin embargo, cuando el día da paso a semanas y las semanas a meses, su acumulación hace que la consecución de nuestros objetivos resulte más fácil o más difícil.

Cada momento te coloca en una posición mejor o peor para gestionar el futuro. Y ese posicionamiento es lo que acaba haciendo la existencia más sencilla o más complicada. Cuando nuestro ego se impone y le demostramos a alguien que somos nosotros quienes mandamos, nos complicamos el futuro. Cuando nos comportamos de manera pasivo-agresiva con un compañero en el trabajo, nuestra relación empeora. Y si bien estos momentos parecen inconsecuentes cuando suceden, van acumulándose y conformando nuestra posición actual. Y nuestra posición actual determina nuestro futuro.

Una buena posición te permite pensar con claridad en lugar de tomar una decisión impuesta por las circunstancias. Un motivo por el que los mejores del mundo toman buenas decisiones de manera recurrente es que rara vez dejan que las circunstancias los obliguen a tomar una en concreto.

No necesitas ser más inteligente que los demás para tener un mejor rendimiento que ellos si les sacas ventaja. Todo el mundo parece un genio cuando ocupa una buena posición, e incluso la persona más lista parece tonta cuando está en una mala.

La mejor ayuda para un discernimiento acertado es empezar desde un buen punto de partida. Una empresa con efectivo en el balance general y poca deuda solo tiene buenas opciones entre las cuales elegir. Cuando vienen malos tiempos, y siempre acaban llegando, sus opciones pasan de buenas a fantásticas. En cambio, una empresa sin efectivo y con mucha deuda solo tiene malas opciones entre las que elegir. Las cosas pueden ir rápidamente de mal en peor.

Y este ejemplo se extrapola fácilmente más allá de la sala de juntas.

El tiempo juega a favor de quien ocupa una posición adecuada y en contra de quien ocupa una mala. Cuando uno está bien posicionado, muchos caminos conducen a la victoria. En cambio, si se parte de una mala posición, tal vez solo haya un sendero a seguir. Es un poco como jugar al *Tetris*. Si juegas bien, tienes muchas opciones para colocar la pieza siguiente. Si juegas mal, necesitas que caiga la pieza exacta.

Lo que a muchas personas se les pasa por alto es que los momentos ordinarios determinan nuestra posición y que nuestra posición determina nuestras opciones. Pensar con claridad es clave para posicionarse mejor, y es eso lo que te permite dominar las circunstancias en lugar de permitir que sean ellas las que te dominen.

Poco importa en qué posición te encuentres ahora. Lo fundamental es que logres mejorarla hoy.

Cada momento ordinario es una oportunidad para forjarte un futuro más fácil o más difícil. Todo depende de si piensas con claridad o no.

PARTE I

LOS ENEMIGOS DE PENSAR CON CLARIDAD

*Nunca olvides que tu subconsciente
es más inteligente que tú, más listo
que tú y más poderoso que tú.
Incluso puede controlarte. Y nunca
descubrirás todos sus secretos.*

CORDELIA FINE,
*A Mind of Its Own: How Your Brain Distorts and
Deceives*

Lo primero que oí fueron gritos. Por lo general, no
es eso lo que esperas oír al acercarte a la oficina
del director ejecutivo. Pero aquel director ejecutivo era distinto.

Entré en su oficina, dejé mi maletín sobre la mesa y me senté delante de él. Ni siquiera pareció darse cuenta de mi presencia. Y aunque tras meses de trabajar para él debería estar acostumbrado, seguía resultándome desconcertante.

Yo era su mano derecha designada y casi nada ni nadie llegaba hasta él sin pasar primero por mí. Por eso aquella llamada telefónica era tan interesante: no figuraba en su agenda.

Con quienquiera que estuviera hablando, la conversación había hecho que se pusiera rojo de la ira. Yo ya había aprendido que, en esos momentos, era mejor no interrumpirlo y aprovechar para tomarme un respiro. De lo contrario, no tardaría en descargar su furia sobre mí.

Al colgar, me buscó la mirada. Sabía que disponía de un milisegundo para decir algo o empezaría a gritarme por haber tenido que responder a aquella llamada no programada.

—¿Qué pasaba? —pregunté.

—Que hay que ponerlos en su lugar —respondió él.

No sabía con quién había estado hablando, pero su tono encolerizado me llevó a pensar que era alguien que no lo conocía. La gente que trabajaba para aquel director ejecutivo sabía que era mejor no decirle nada que pudiera enojarlo. Y eso incluía darle malas noticias, exponer ideas que chocaran con sus creencias y, por supuesto, darle un codazo para que se contuviera cuando estaba empeorando una situación.

Aquella sería una de las últimas llamadas que respondería en aquella oficina. Aquel momento ordinario lo cambió todo.

Resultó que su interlocutor intentaba informarle, desesperadamente, de un problema con graves consecuencias para la empresa. Y al ver que sus preocupaciones solo le valieron una reprimenda enfurecida, decidió exponérselas directamente a la junta. Al poco, el director ejecutivo estaba despedido.

Y aunque me gustaría decirte que lo despidieron por su conducta, ambos sabemos que no sería verdad. Lo despidieron por no reaccionar a la información que su interlocutor le estaba intentando proporcionar, porque su ego no se lo permitía. Si hubiera pensado con claridad, tal vez aún conservara su empleo.*

•

* Algunos detalles de esta historia se modificaron para proteger la identidad de la persona implicada, pero la esencia es real.

¿Pensar mal o no pensar siquiera?

La racionalidad se desperdicia si no sabes cuándo utilizarla.

Cuando pides consejo para mejorar tu forma de pensar, normalmente te señalan numerosas herramientas diseñadas para ayudar a pensar de manera más racional. Las librerías están llenas de libros que asumen que el problema es nuestra capacidad para razonar. Enumeran los pasos que deberíamos dar y las herramientas que deberíamos emplear para juzgar mejor. Y puede ser de ayuda, pero para eso tienes que saber que deberías estar pensando.

Lo que yo aprendí observando a personas reales en acción es que, como ese director ejecutivo enojado, normalmente no son conscientes de que las circunstancias están pensando por ellas. Es como si esperáramos que nuestra vocecilla interior nos gritara: «¡ALTO! ¡ESTE ES UN MOMENTO EN EL QUE NECESITAS PENSAR!».

Y como no sabemos que deberíamos estar pensando, cedemos el control a nuestros impulsos.

En el espacio entre el estímulo y la reacción, pueden pasar dos cosas. Puedes hacer una pausa consciente y aplicar la razón a la situación. O puedes ceder el control y responder con un comportamiento predeterminado.

El problema es que nuestro comportamiento predeterminado suele empeorar las cosas.

Cuando algo nos ofende, arremetemos con palabras de enojo.

Cuando alguien nos interrumpe, asumimos que lo hace por molestar.

Cuando las cosas van más despacio de lo que nos gustaría, nos frustramos y nos impacientamos.

Cuando alguien es pasivo-agresivo, picamos el anzuelo y dejamos que la situación se agrave.

En estos momentos de reacción, no nos damos cuenta de que nuestra biología tiene secuestrado a nuestro cerebro y el resultado va en contra de nuestros intereses. No nos damos cuenta de que acaparar información para aventajar a los demás es perjudicial para el equipo. No nos damos cuenta de que nos estamos aviniendo a las ideas del grupo cuando deberíamos estar pensando por nosotros mismos. No nos damos cuenta de que nuestras emociones nos están haciendo reaccionar de modos que acaban generando problemas.

De manera que nuestro primer paso si queremos mejorar nuestros resultados es entrenarnos en identificar los momentos en los que conviene aplicar el juicio antes que nada y hacer una pausa para crear espacio para pensar con claridad. Este entrenamiento lleva mucho tiempo y esfuerzo, porque implica contrarrestar las reacciones biológicas predeterminadas que desarrollamos en el transcurso de muchos siglos. Sin embargo, dominar los momentos ordinarios que hacen el futuro más fácil o más difícil no solo es posible, sino que es el ingrediente básico para el éxito y para conseguir tus objetivos a largo plazo.

El elevado costo de perder el control

Reaccionar sin razonar empeora cualquier situación.

Pensemos en una escena habitual que he presenciado infinidad de veces. En una reunión, un compañero del trabajo menosprecia un proyecto que tú estás liderando. Por instinto, contraatacas con un comentario que los socava tanto a él como a su trabajo. No elegiste de manera consciente responder, simplemente lo hiciste. Sin ni siquiera ser consciente de ello, el daño ya está hecho. Y no solo afecta a su relación, sino que la reunión se descarrila.

Y luego hay que invertir mucha energía en volver al punto previo. Hay que reparar la relación. Hay que reprogramar la reunión que se descarriló. Y tal vez tengas que hablar con los demás asistentes para despejar el ambiente. E incluso después de todo eso, podrías seguir estando peor de lo que estabas antes. Cada testigo y cada persona a quien le hayan explicado lo ocurrido recibió una señal inconsciente que erosionó su confianza en ti. Reconstruir esa confianza lleva meses de conducta coherente.

Todo el tiempo y la energía que inviertes arreglando tus errores espontáneos son a expensas de avanzar hacia los resultados que persigues. La ventaja de invertir más energía en alcanzar tus objetivos que en arreglar tus problemas es enorme. La persona que aprende a pensar con claridad acaba destinando más parte de su esfuerzo global a conseguir sus metas que la que no.

Pero es poco probable que pienses con claridad si no eres capaz de dominar tus condicionantes predeterminados.

Instintos biológicos

No hay nada más potente que los instintos biológicos. Nos controlan, a menudo sin que lo sepamos siquiera. Y no dominarlos solo te hace más susceptible a su influencia.

Si te cuesta entender por qué a veces reaccionas a situaciones de la peor manera posible, el problema no está en tu mente. Tu mente está haciendo exactamente aquello para lo que la biología la programó: actuar de manera rápida y eficaz en respuesta a amenazas, sin malgastar un tiempo precioso en pensar.

Si alguien irrumpe en tu casa, el instinto te lleva a interponerte entre esa persona y tus hijos. Si alguien se te acerca con expresión amenazante, te tensas. Si tienes el presentimiento de que tu trabajo está en riesgo, tal vez empieces a ocultar información inconscientemente, porque tu cerebro animal cree que no podrán despedirte si eres el único que sabe desempeñar esa labor. La biología, y no tu mente racional, es la que te dicta qué hacer.

Cuando las reacciones irreflexivas empeoran la situación, nuestra vocecilla interior nos reclama: «¿En qué estabas pensando, idiota?». Pero lo que ocurre es que no estabas pensando. Estabas reaccionando como el animal que eres. Tu mente no estaba al mando. Era tu biología.

Tenemos inculcadas tendencias biológicas.* Dichas tendencias eran útiles para nuestros antepasados prehistóricos, pero para nosotros, hoy, suelen ser un engorro. Filósofos y científicos, desde Aristóteles y los estoicos hasta Daniel Kahneman y Jonathan Haidt, describieron y analizaron estas conductas intemporales.[1]

Por ejemplo, como todos los animales, por naturaleza tendemos a defender nuestro territorio.[2] Tal vez no defendamos un trozo de tierra en la sabana africana, pero el territorio no es solo físico, también es psicológico. Nuestra identidad forma asimismo parte de nuestro territorio. Cuando alguien critica nuestro trabajo, nuestro estatus o la idea que tenemos de nosotros mismos, de manera instintiva nos cerramos o nos defendemos. Cuando alguien cuestiona nuestras creencias, dejamos de escucharlo y nos lanzamos al ataque. Y ahí no hay pensamiento: actuamos por puro instinto animal.

Estamos programados por naturaleza para organizar el mundo de manera jerárquica. Lo hacemos para darle un sentido, para mantener nuestras creencias y, en general, para sentirnos mejor. Pero cuando alguien atenta contra nuestro lugar en el mundo y contra nuestra comprensión de cómo funciona este, reaccionamos sin pensar. Cuando alguien te corta el paso en la autopista y te dejas llevar por la ira al volante, es tu subconsciente el que está diciendo: «Pero ¿quién te crees para cortarme el paso?». Estás reaccionando a una amenaza a tu sentido inherente de la jerarquía.

---

* Gracias, Peter Kaufman, por las numerosas conversaciones que mantuvimos sobre este tema y que modularon mi pensamiento.

En la carretera todos somos iguales. Y se supone que todos debemos regirnos por las mismas normas. Cortarle el paso a alguien infringe esas normas e implica un estatus superior.* O piensa en cuando te frustras con tus hijos y pones fin a la discusión con un «¡Porque lo digo yo!». (O el equivalente en la oficina: «Porque soy el jefe»). En esos momentos dejas de pensar y sucumbes a tus tendencias biológicas para reafirmar la jerarquía.

Nos estamos autopreservando. La mayoría de nosotros nunca aplastaría de manera intencionada a nadie para llegar a su meta.** El matiz clave aquí es «de manera intencionada», porque la intención implica pensamiento. Cuando actuamos por detonación, sin pensar, nuestro deseo de protegernos se impone. Cuando corren rumores de despidos en una empresa, personas que de natural son decentes no dudan en poner a los demás en situaciones poco convenientes para conservar su empleo. Y claro que de manera consciente no querrían perjudicar a sus compañeros; pero, cuando la ecuación se reduce a «o ellos o yo», se aseguran de salir bien parados. Y eso es biología.

Nuestros instintos biológicos proporcionan una reacción automática sin procesamiento consciente. ¡Porque esa es su función!

El procesamiento consciente requiere tiempo y energía. La evolución favoreció atajos de estímulo y respuesta porque son ventajosos para el grupo: mejoran la adecuación del

---

* Estoy bastante seguro de que fue a Jim Rohn a quien le leí este ejemplo, pero no encuentro la referencia concreta.
** Salvo, por supuesto, la persona a quien Taylor Swift le dedicó la canción *Better Than Revenge*.

conjunto, su supervivencia y la reproducción. A medida que los humanos fueron multiplicándose en grupos, surgieron jerarquías que impusieron orden al caos y nos otorgaron a todos un lugar. El territorio fue nuestra estrategia para evitar luchar entre nosotros: tú mantente alejado de mi zona y yo me mantendré alejado de la tuya. La autopreservación significa que anteponemos la supervivencia a las reglas, las normas o las costumbres.

El problema ocurre cuando, en lugar de fijarnos en el conjunto, ponemos el foco en el individuo, y en lugar de tener en cuenta eones de evolución, nos concentramos en el momento presente de decisión. En el mundo actual, la supervivencia básica ya no es un problema. Y las tendencias que antaño nos sirvieron a menudo actúan ahora como un ancla que nos retiene en un lugar, debilita nuestra posición y nos complica las cosas.

Conoce tus condicionantes predeterminados

Si bien existen muchos instintos de este tipo, a mi modo de ver hay cuatro predominantes, los más característicos y también los más peligrosos. Dichos comportamientos representan algo parecido a la configuración por defecto o los ajustes de fábrica de nuestra mente.[3] Son programas conductuales grabados en nuestro ADN por la selección natural que nuestros cerebros ejecutan de manera automática ante un desencadenante, a menos que nos detengamos y nos tomemos tiempo para pensar. Tienen muchos nombres, pero para los fines de este libro los llamaremos la reacción emocional predeterminada, el ego predeterminado, la convención social predeterminada y la inercia predeterminada.

Veamos cómo funciona cada uno de ellos:

1. La reacción emocional predeterminada: tendemos a reaccionar más a los sentimientos que a razones y hechos.
2. El ego predeterminado: tendemos a reaccionar a cualquier cosa que amenace nuestra sensación de valía personal o nuestra posición en una jerarquía de grupo.
3. La convención social predeterminada: tendemos a ajustarnos a las normas del grupo social al que pertenecemos.
4. La inercia predeterminada: tendemos a desarrollar hábitos y buscar la comodidad. Nos resistimos al cambio y preferimos las ideas, los procesos y los entornos con los que estamos familiarizados.

Todos estos condicionantes predeterminados no están delimitados por unas fronteras claramente definidas, sino que suelen interpenetrarse. Por sí solo, cada uno de ellos basta para provocar errores espontáneos; pero, cuando confluyen, las cosas van rápidamente de mal en peor.

Las personas capaces de dominar sus condicionantes predeterminados son quienes obtienen mejores resultados en el mundo real. No es que no tengan temperamento ni ego, simplemente saben cómo controlarlos en lugar de dejarse controlar por ellos. Con la capacidad de pensar hoy con claridad en momentos ordinarios, se colocan de manera consistente en una buena posición para el mañana.

En el capítulo siguiente expondré cómo se manifiestan estos condicionantes predeterminados en el comportamiento humano y cómo identificarlos cuando entran en juego en tu vida. Teniéndolos en cuenta, no solo hallarás más sentido a tus acciones pasadas, sino que aprenderás a detectar cuándo los demás están reaccionando a sus condicionantes predeterminados.

La reacción emocional predeterminada

El padrino es una de mis películas favoritas, en parte por las múltiples lecciones empresariales que contiene. Vito Corleone, capo de la familia mafiosa de los Corleone, es un maestro de la paciencia y la disciplina. Con sus conductas predeterminadas bajo control, nunca reacciona sin pensar y, cuando reacciona, su eficiencia es implacable.

El primogénito de Vito, Santino, alias Sonny, es el heredero aparente de Vito. A diferencia de su padre, Sonny es vengativo, impulsivo e irascible. Tiene ataques de ira por cualquier cosa y primero reacciona y luego piensa. Sus errores espontáneos le complican constantemente la vida.

La reacción emocional predeterminada controla a Sonny, sin que él sea consciente de ello. En una ocasión le pega una golpiza en público a su cuñado, Carlo Rizzi, un acto que tendrá consecuencias imprevistas en el futuro. En otra ocasión, una familia rival se aproxima a Vito para proponerle ser socios en un negocio de narcotráfico. Vito rechaza la oferta. En cambio, Sonny, que suele reaccionar sin pensar, se apunta a la primera y socava la posición de su padre. Tras la reunión, Vito le da una lección a su hijo: «Nunca vuelvas a decir lo que piensas a alguien que no sea de la familia». Pero la lección llega demasiado tarde y el daño ya está hecho. El traficante decide que, si consigue sacar a Vito de la ecuación, Sonny aceptará el trato. La indiscreción de Sonny conduce a un intento de asesinato contra Vito en el cual queda gravemente herido.

Mientras Vito está en el hospital, Sonny se convierte en el capo en funciones de la familia. Y guiado por su naturaleza impulsiva, inicia una guerra sin cuartel contra los otros clanes. Entre tanto, Carlo Rizzi sigue resentido con Sonny por haberle pegado delante de su gente y conspira con una familia rival para asesinarlo. Carlo le tiende una trampa a Sonny para que reaccione sin pensar, lo cual conduce a su brutal asesinato en la calzada de Jones Beach.

El temperamento impulsivo de Sonny acaba comportando su caída, como ocurre en el caso de muchas personas. Cuando reaccionamos sin pensar, tenemos más probabilidades de incurrir en errores que, vistos en retrospectiva, resultan obvios. De hecho, cuando reaccionamos emocionalmente, a menudo ni siquiera nos damos cuenta de que estamos en una posición que exigiría pensar. Cuando el momento se apodera de ti, ninguna herramienta de razonamiento del mundo puede ayudarte.

De la emoción a la acción

Todos tenemos un poco de Sonny. Cuando experimentamos ira, miedo y algunas otras emociones, nos sentimos espoleados a actuar de inmediato. Pero, en estos momentos, la acción que te ves impelido a realizar rara vez te sirve de algo.

La ira contra un contrincante te impide hacer aquello que va en el mejor de tus intereses. El miedo a perder una oportunidad te impulsa a no darle demasiadas vueltas y actuar de manera impulsiva. La indignación por una crítica hace que reacciones a la defensiva, y con ello solo consigues alejar a tus potenciales aliados. La lista es infinita.

Las emociones pueden multiplicar todos tus progresos por cero. Poco importa lo mucho que hayas reflexionado sobre algo o lo mucho que hayas trabajado; todo eso puede desbaratarse en un instante. Nadie es inmune a ello. El atleta olímpico Matthew Emmons, por ejemplo, era un prodigio que había llegado a dominar el campo del tiro con rifle de competición. Estaba destinado a ganar su segundo oro olímpico cuando la reacción emocional predeterminada le jugó una mala pasada. Emmons se encontraba en la ronda final. Apuntó. Disparó. Y dio en el blanco. El único problema fue que ¡disparó al blanco equivocado! De haber disparado al correcto, habría ganado el oro. En lugar de ello, obtuvo cero puntos y cayó al octavo lugar.

Después, Emmons explicó que normalmente comprobaba a través de la mirilla del rifle el número que había encima del blanco de tiro para asegurarse de apuntar a la correcta antes de apuntar al centro. En aquel caso, se saltó ese primer paso esencial.

«Aquel día, estaba concentrado exclusivamente en tranquilizarme —explicó—, así que ni siquiera comprobé el número».[1] Y quien se apuntó el tanto fue la reacción emocional predeterminada.

Y aunque el fracaso de Emmons en las Olimpiadas es épico, empalidece en comparación con la tragedia que se desencadenó en la vida de un antiguo compañero mío. Llamémosle Steve. Me había dado cuenta de que Steve solía guardar silencio cuando se hablaba de política en las cenas de trabajo. Un día, cuando estábamos los dos a solas, le pregunté a qué se debía.

Y me contó una historia que nunca olvidaré.

Una noche, Steve había invitado a sus padres a cenar en su casa. Empezaron a hablar de política y de impuestos y la conversación subió de tono. Las emociones de Steve no tardaron en tomar el control y comenzó a decir cosas que probablemente no pensaba. Cosas de las que no podía desdecirse. Cosas que decimos cuando reaccionamos, en lugar de pensar.

Aquella fue la última conversación que tuvo con sus padres. Al regresar a casa, el coche de estos colisionó de frente con el de un conductor ebrio. No sobrevivieron. Y aquella noche sigue acechando a Steve. Es un recuerdo imborrable acerca de un momento ordinario que nunca olvidará.

Las emociones pueden hacer que incluso los mejores de entre nosotros nos comportemos como idiotas y no seamos capaces de pensar con claridad. Ahora bien, a menudo cuentan con ayuda. Más adelante veremos algunas de las vulnerabilidades biológicas incorporadas que nos exponen aún más a la influencia de la reacción emocional predeterminada: la privación de sueño, el hambre, el cansancio, la emoción, la distracción, el estrés de que nos apremien y hallarnos en un entorno con el que no estamos familiarizados. Si te encuentras en cualquiera de estas situaciones, ¡mantente alerta! Es probable que la reacción emocional predeterminada lleve la batuta. También exploraremos las salvaguardas que pueden protegerte en tales circunstancias.

El ego predeterminado

Volviendo a *El padrino*, Carlo Rizzi es un ejemplo de un tipo distinto de condicionante predeterminado en acción: el ego.

Carlo se convierte en miembro de la familia Corleone al casarse con la hija de Vito, Connie. Al no ser familiar consanguíneo, ocupa una posición relativamente baja en la jerarquía social. Orgulloso y con un ego desmedido, cada vez se siente más frustrado por su papel marginal en el negocio familiar. Y su frustración lo lleva a cometer algunas acciones imperdonables.

Eso es justo lo que pasa a veces en la vida: el ego predeterminado nos lleva a promover nuestra imagen personal y a proteger nuestra autoestima a toda costa.

En el caso de Carlo, que le recuerden su bajo estatus en la familia lesiona su autoestima («Puedo hacer más de lo que hago, pero no me dejan») y lo lleva a cometer el mayor acto de traición. La intención de Carlo no era desgarrar la familia de Corleone desde dentro. Lo único que quería era tener una posición acorde con la opinión que tenía de sí mismo. La indignación diaria de ser tratado como un ser inferior detonó una reacción en cadena que no había previsto.

Tener éxito versus aparentar éxito

No toda la seguridad en uno mismo tiene el mismo origen. A veces se fundamenta en un historial de aplicar de manera acertada el conocimiento profundo y otras deriva de la superficialidad de leer un artículo. Es fascinante la frecuencia con que el ego convierte el conocimiento no aprendido en una seguridad imprudente.

Tener un conocimiento somero puede ser peligroso, como averiguó uno de mis hijos por las malas. Se negaba a hacer la redacción en francés que le habían puesto de tarea, porque requería mucho tiempo y esfuerzo, y se le ocurrió que podía redactarla en inglés y luego pasarla por un traductor en línea. Cuando le pregunté cómo era posible que hubiera terminado tan pronto, me contestó que la redacción era fácil y no le di más importancia. Por supuesto, su profesor de francés se dio cuenta de lo que había hecho y le puso un cero.

Nuestro ego nos tienta a pensar que somos más inteligentes de lo que somos. Si no lo controlamos, puede convertir la seguridad en nosotros mismos en un exceso de confianza e incluso en arrogancia. Asimilamos un conocimiento superficial en internet y de repente nos volvemos soberbios. Todo parece fácil. Y eso nos impulsa a correr riesgos sin ni siquiera darnos cuenta. Pero, si queremos conseguir los resultados a los que aspiramos, debemos resistirnos a este tipo de seguridad ficticia.

Recientemente, tras una conferencia a la que asistí sobre la creciente población de indigentes, el tipo que estaba sentado a mi lado comentó lo fácil que sería resolver este problema tan grave y complejo. Aquel hombre estaba embriagado de una seguridad en sí mismo inmerecida, basada en una comprensión superficial del problema que hacía que la solución se le antojara tan fácil. En cambio, quienes tenían competencias en la materia basadas en un conocimiento aprendido con esfuerzo no consideraban que se tratara de un problema en absoluto sencillo. Eran plenamente conscientes de las realidades de la situación.

El conocimiento no aprendido con esfuerzo nos empuja a hacer juicios precipitados. «Ya lo entiendo», pensamos. Y nos convencemos de que eventos con pocas posibilidades son eventos sin posibilidades y solo contemplamos los resultados en el mejor de los casos. Nos creemos inmunes a la mala suerte, a las adversidades que les suceden a otras personas, debido a nuestro recién descubierto (y falso) sentido de la seguridad en nosotros mismos.[1]

La seguridad en uno mismo no aumenta las probabilidades de obtener ni malos ni buenos resultados, simplemente nos ciega al riesgo. El ego también hace que nos preocupemos más por mantener o mejorar nuestra posición percibida en una jerarquía social que por ampliar nuestro conocimiento o habilidades.

Un motivo por el que a la gente le cuesta delegar autoridad en el trabajo es porque hacer que los demás dependan de nosotros para tomar todas las decisiones nos hace sentir importantes e indispensables. Hacerlos dependientes de nosotros no solo nos hace sentir necesarios, sino poderosos. Cuanta más gente dependa de nosotros, más poderosos nos sentimos. No obstante, esta postura acaba siendo autodestructiva. De manera gradual y, luego, de repente, acabamos siendo prisioneros de las circunstancias que nosotros mismos creamos, cada vez necesitamos invertir un mayor esfuerzo para mantenernos en el mismo lugar y nos acercamos al límite de la fuerza bruta.* Es cuestión de tiempo para que la situación nos debilite.

La persona que quiere ser vista como alguien importante muestra al mundo cómo manipularla. Solemos preocuparnos menos por alcanzar la verdadera grandeza que por aparentarla. Cuando alguien pisotea la imagen que tenemos de nosotros mismos (o la que queremos proyectar a los demás), el ego entra en acción y a menudo reaccionamos sin reflexionar. El ejemplo de Carlo Rizzi es ficticio, pero hay muchos reales.

En septiembre de 1780, por ejemplo, el general estadounidense Benedict Arnold se reunió en secreto con un espía británico. A cambio de veinte mil libras esterlinas y un puesto de mando en el ejército de Gran Bretaña, Arnold accedió a ceder a los británicos el control del fuerte de West Point, que estaba bajo su mando.

¿Qué fuerza poderosa podría inducir a alguien a traicionar a su país? El motivo de Arnold era el mismo que el de Carlo Rizzi: un resentimiento enconado acerca de su posición social.

---

* La expresión es de Brent Beshore.

Arnold había sido un oficial militar consumado, pero no era un hombre que despertara simpatías. Era celoso por naturaleza y solía lamentarse de que el Congreso ascendiera a oficiales más jóvenes y menos competentes antes que a él. Reaccionaba con rapidez a los desaires sociales, fueran reales o imaginarios. Y su tendencia a demostrar su superioridad humillando a las personas con quienes discrepaba había hecho que se forjara un ejército invisible de enemigos.

Aun así, consiguió granjearse la confianza del comandante supremo del Ejército Continental, George Washington, quien lo designó gobernador militar de Filadelfia. En torno a aquellas mismas fechas, Arnold pidió la mano de Peggy Shippen, hija de una adinerada familia de Filadelfia.

Los Shippen eran simpatizantes unionistas interesados en tener relaciones solo con personas de su misma posición económica. Pero Arnold no era rico. Su padre, que era alcohólico, había dilapidado la fortuna familiar siendo él niño y, desde entonces, Arnold se había esforzado por reestablecer la posición de su familia en sociedad.

Arnold llevaba una vida extravagante y daba fastuosas fiestas con la esperanza de ganarse el respeto de la élite acaudalada de Filadelfia. Les prometió a los Shippen que invertiría una gran suma en Peggy antes de su matrimonio como prueba de sus medios financieros y firmó una cuantiosa hipoteca para adquirir una mansión. Cuando Arnold y Peggy finalmente se casaron, Arnold estaba endeudado hasta las cejas. Peggy y él ni siquiera pudieron instalarse en la mansión porque tuvieron que alquilarla para pagar la hipoteca.

El estilo de vida de Arnold llamó la atención de sus numerosos enemigos, incluido el despiadado presidente del Supremo Consejo Ejecutivo de Pensilvania, Joseph Reed. Reed construyó una demanda endeble contra Arnold con la que, según parece, sobre todo pretendía deshonrarlo en público. Pero resultó que Arnold había aprovechado su posición como gobernador militar para beneficiarse económicamente y, al final, su caso se presentó ante un consejo de guerra. El general Washington zanjó el asunto echándole una leve reprimenda a Arnold, pero este se quedó con la sensación de que Washington lo había denigrado.

Al poco, traicionaría a su país.

A Arnold lo habían herido en el orgullo. Quería demostrarles a los demás su valía y su importancia. Quería que todos lo vieran como él se veía. Y al comprobar que no era así, dejó de guiarse por su juicio y acabó pasando a los anales de la historia por los motivos más rastreros.

¿Quién no se ha encontrado alguna vez en una situación similar? Alguien cercano a ti no te aprecia como te gustaría. Quizá no vea lo perspicaz que eres. O quizá no vea cuánto haces por él. Desesperado por satisfacer tu ego, ya sea personal o profesionalmente, dejas de pensar y haces cosas que de otro modo no harías, como contactar con alguien de la competencia o flirtear con alguien en una fiesta. Un ejemplo que vi muchas veces en el entorno laboral es que dejas de dar el cien por cien de tus capacidades porque te sientes infravalorado.* El ego se apodera

---

* Si bien hace tiempo que se da este comportamiento, durante la pandemia de la COVID de 2020 la gente empezó a denominarlo «renuncia silenciosa».

de tu subconsciente, lanza tus objetivos a largo plazo por la ventana y te coloca rumbo a la destrucción.

Si Arnold no hubiera estado tan consumido por su ego, si hubiera reaccionado menos y razonado más, tal vez habría visto que sus objetivos políticos y el bienestar de su familia a largo plazo exigían un modo de vida más modesto.

Sentir que tienes razón en lugar de tenerla

Nuestro deseo de pensar que tenemos razón subyuga al deseo de tenerla de verdad.

El ego predeterminado nos insta a creer que tenemos razón a expensas de que sea así. Pocas cosas sientan mejor que tener razón, tanto, de hecho, que somos capaces de reformular el mundo en jerarquías arbitrarias para sostener nuestras creencias y sentirnos mejor con nosotros mismos. Mi primer recuerdo de hacerlo se remonta a mis dieciséis años, a una época en que trabajé en un pequeño supermercado.

Había un cliente que siempre trataba al personal de malas maneras. Aparecía al volante de su elegante coche, lo estacionaba ilegalmente a las puertas del comercio y entraba corriendo a comprar algo. Cuando estaba en la fila, hacía comentarios maleducados y alzaba la voz para apremiar a todo el mundo. Lo llamábamos el señor Rolex.

Un día en que estaba esperando en mi fila, me espetó: «Apresúrate de una p**a vez, porque este Rolex no se paga solo».

Me abstendré de especificar mi respuesta, pero digamos que me costó el empleo.

Sin embargo, mereció la pena, porque aquella experiencia me hizo darme cuenta de que algunas personas organizan su jerarquía inconsciente con base en el dinero y el estatus. Aquel era el modo que el señor Rolex tenía de mantener el marcador para ocupar siempre el primer puesto.

Recuerdo regresar a casa a pie aquella noche pensando que, aunque me había quedado sin empleo, al menos no era como él. Y en aquel momento reorganicé el mundo de tal modo que yo, el estudiante de preparatoria que se acababa de quedar sin trabajo y no tenía ni coche ni un lujoso reloj de pulsera, estuviera encima de todo. De manera subconsciente había reestructurado el mundo para poder estar por encima de él y sentirme mejor conmigo mismo.

Aquel día, los dos nos dejamos llevar por el ego predeterminado.

La mayoría de las personas pasan por la vida pensando que tienen razón... y que quienes no ven las cosas como ellas se equivocan.[2] Confundimos cómo queremos que sea el mundo con cómo es en realidad.

Poco importa el tema: tenemos razón sobre política, sobre otras personas, sobre nuestros recuerdos, sobre lo que sea. Confundimos cómo queremos que funcione el mundo con cómo funciona.

Por supuesto, no podemos tener razón sobre todo en todo momento. Todo el mundo comete errores o recuerda de manera equivocada un suceso. Pero aun así siempre queremos sentir que tenemos la razón e, idealmente, conseguir que los demás nos refuercen esa sensación. De ahí que canalicemos cantidades desmesuradas de energía en demostrarles a los demás (y a nosotros mismos) que estamos en lo cierto. Cuando esto ocurre, estamos dando menos importancia a los resultados que a proteger nuestros egos.

Más adelante me explayaré en cómo combatir el ego predeterminado. Por ahora, ten presente cómo reconocerlo cuando asoma la cabeza. Si te descubres invirtiendo una energía tremenda en cómo te ven los demás, si sientes a menudo que te hirieron el orgullo, si te sorprendes leyendo uno o dos artículos sobre un tema y pensando que eres un experto en la materia, si siempre intentas demostrar que tienes razón y te cuesta admitir tus errores, si te cuesta decir «No lo sé» o si envidias con frecuencia a otras personas o crees que nunca te concedieron el reconocimiento que mereces, ¡ten cuidado! Tu ego está al mando.

CAPÍTULO 1.4

La convención social predeterminada

Allí donde todos piensan parecido,
nadie piensa demasiado.

WALTER LIPPMANN,
Crisis de la democracia occidental

Hace años fui testigo de un intercambio especialmente desagradable y desalentador en una conferencia. Cuando acabó, algunas personas aplaudieron. Yo dudé, pero acabé uniéndome a ellas vacilante. Habría sido raro no hacerlo.*

La convención social predeterminada inspira conformidad. Nos coacciona para alinearnos con una idea o un

---

* Quizá no sea ninguna sorpresa que los líderes hayan utilizado el mero acto de aplaudir hasta la saciedad a lo largo de la historia. En los teatros y óperas solía haber palmeros profesionales, la llamada claque. La claque se ha utilizado desde, al menos, tiempos del emperador Nerón, cuyas intervenciones solían ser aplaudidas por miles de soldados. Una vez unas cuantas personas empiezan a aplaudir, la convención social predeterminada se apodera de nosotros y nos descubrimos, como me sucedió a mí, aplaudiendo sin saber por qué.

comportamiento por el mero hecho de que otras personas lo hacen. Encarna aquello a lo que hace referencia el término «presión social»: la voluntad de pertenecer a la masa, el miedo a ser un marginado, el temor a que nos desprecien y a decepcionar a otras personas.

Nuestro deseo de encajar en el grupo arraiga en nuestra historia. Los intereses del conjunto se satisfacían con un elevado nivel de conformidad. Pero también ocurría lo mismo con nuestros intereses individuales. La supervivencia en el seno de la tribu era dura, pero la supervivencia fuera de esta era inviable. Y como necesitábamos al grupo, nuestros intereses personales quedaban relegados a los intereses colectivos. Aunque el mundo en el que vivimos hoy es muy distinto del mundo del cual evolucionamos, seguimos buscando en las otras pistas sobre cómo comportarnos.

Las recompensas sociales por sumarse a la masa se perciben mucho antes que los beneficios de ir en su contra. Una manera de calibrar a una persona consiste en analizar el grado en que está dispuesta a hacer lo correcto aunque implique ir en contra de la creencia popular. Ahora bien, es fácil sobreestimar nuestra voluntad de divergir de la multitud y subestimar nuestro instinto biológico de encajar.

La convención social predeterminada nos alienta a externalizar nuestros pensamientos, nuestras creencias y nuestros resultados a otras personas. Cuando todos los demás hacen algo, es fácil convencerse de hacerlo también. No hay necesidad de destacar, de asumir la responsabilidad por el resultado, de pensar por nosotros mismos. Basta con accionar el piloto automático de nuestro cerebro y echarnos un sueñecito.

La convención social predeterminada inspira a señalar tus virtudes, a conseguir que otras personas acepten o elogien las creencias que profesas…, sobre todo si tales señales no tienen costo.

El profesor de Princeton, Robert George, escribió: «A veces les pregunto a los estudiantes cuál habría sido su postura en relación con el racismo si hubieran sido blancos y vivieran en el sur antes de la abolición. ¿Y saben qué? ¡Que todos habrían sido abolicionistas! Todos habrían tenido la valentía de alzar la voz contra la esclavitud y habrían trabajado con denuedo por abolirla».[1]

No es cierto. Es comprensible que quieran transmitir esa señal ahora que es seguro hacerlo, pero en aquel entonces probablemente se habrían comportado como lo hizo la mayoría de la población.[2]

Los lemmings rara vez hacen historia

La convención social predeterminada nos hace temer que nos rechacen, nos ridiculicen y nos traten como a idiotas. En la mente de la mayoría de las personas, este temor a perder capital social supera cualquier aspecto positivo potencial de desviarse de la norma social y las predispone a aceptarla.[3]

El miedo nos impide asumir riesgos y alcanzar nuestro potencial.

Nadie crece diciendo que quiere hacer lo mismo que hacen todos los demás. Y, sin embargo, reconforta estar rodeado de personas que están de acuerdo contigo o que hacen lo mismo que tú. De manera que, si bien a veces la multitud actúa de manera sabia, confundir la comodidad del colectivo con una prueba de que lo que estás haciendo va a comportar mejores resultados es la gran mentira de la convención social predeterminada.

El único modo de conseguir mejores resultados si haces un trabajo indiferenciado es trabajar más duro que los demás. Imagina un equipo de excavadores que trabaja con las manos. Una ligera variación en la cantidad de arena desplazada por hora apenas resulta perceptible. Tu trabajo es indiferenciable del que hace la persona de al lado. La única manera de desplazar más tierra es excavar durante más tiempo. De acuerdo con este paradigma, el excavador que se toma una semana libre para experimentar e inventar la pala parece un loco. Y no solo lo parece por asumir un riesgo, sino porque su producción acumulativa desciende más cada día que no excava. Solo cuando aparece con la pala los demás entienden las ventajas que acarrea. El éxito requiere atrevimiento. Y el fracaso también.

Hacer algo diferente implica que tus resultados pueden empeorar, pero también que es posible que la situación dé un vuelco.

Si haces lo que hace todo el mundo, obtendrás los mismos resultados que obtiene todo el mundo.* Las mejores prácticas no siempre son las mejores. Por definición, son estándares.

Si no conoces lo bastante bien lo que estás haciendo como para tomar tus propias decisiones, probablemente deberías seguir la corriente. Pero si quieres obtener unos

---

* Peter Kaufman me lo recuerda siempre.

resultados superiores al promedio, no te queda más remedio que pensar con claridad. Y pensar con claridad implica pensar de manera independiente. A veces tienes que desembarazarte de la convención social predeterminada y hacer algo de manera distinta de lo que hacen quienes te rodean. Con todo, debo advertirte algo: va a ser incómodo.

Nuestro deseo de encajar a menudo se impone a nuestro deseo de obtener mejores resultados. En lugar de probar algo nuevo, nos decimos algo nuevo.

Desviarse de las prácticas establecidas puede ser doloroso. ¿Quién quiere probar algo distinto que podría no funcionar? Podríamos acabar perdiendo el respeto de alguien, su amistad e incluso nuestro empleo si nos desviamos demasiado del *statu quo* sin producir los resultados adecuados. Por eso probamos nuevos planteamientos y, cuando lo hacemos, a menudo procedemos con tal agitación que el menor inconveniente nos devuelve bajo la manta de seguridad de la conformidad.

Es fácil consolarse con el hecho de que otras personas están de acuerdo con nosotros. Pero como señaló el legendario inversor Warren Buffett: «El hecho de que otras personas estén o no de acuerdo contigo no hace que estés en lo cierto ni que te equivoques. Acertarás si tus hechos y tu razonamiento son correctos».

Las personas que ejecutan prácticas establecidas afirman querer nuevas ideas, pero lo único que sucede es que no quieren las malas. Y como se esfuerzan tanto por evitar las malas, nunca se desvían lo suficiente para dar con ideas buenas novedosas.

Ahora bien, aunque necesitamos divergir de la norma para progresar, no toda divergencia es provechosa. Para tener éxito, no basta con hacer algo distinto: también tienes que acertar. Para hacer algo distinto, tienes que pensar de manera diferente. Y eso te hará destacar.*

Lou Brock tal vez lo expresó mejor: «Muéstrenme a una persona que tenga miedo a quedar mal y les mostraré a una persona a quien siempre podrán derrotar». Dicho de otro modo, alguien dominado por la convención social predeterminada es alguien fácil de derrotar.

En la misma línea, Warren Buffett subrayó los efectos de la convención social predeterminada en una carta que envió en 1984 a los accionistas de Berkshire Hathaway:

> La mayoría de los mánager tienen muy pocos incentivos para tomar decisiones inteligentes, pero con las que corren el riesgo de quedar como idiotas. Su relación ganancia-pérdida personal es demasiado evidente: si una decisión poco convencional funciona bien, les dan una palmadita en la espalda y, si sale mal, reciben una carta de despido. (Fracasar de manera

---

* La mayoría de las personas persiguen la complejidad. Aprenden las nociones básicas lo suficiente para situarse en la media y luego buscan conocimientos secretos u ocultos que les sirvan de atajo. Dominar las nociones básicas es la clave para ser implacablemente eficaz. Esos conocimientos básicos pueden parecer simples, pero eso no significa que sean simplistas. Los mejores del mundo probablemente no tengan ningún atajo secreto ni ningún conocimiento oculto, lo que ocurre es que entienden las nociones fundamentales mejor que los demás. Mi ejemplo favorito de esto es Warren Buffett, quien afirma: «La primera regla para invertir es no perder nunca dinero». A pesar de ser una afirmación basada en los conocimientos acumulados durante toda una vida, la gente la descarta por considerarla demasiado simplista. Un ejercicio reflexivo consiste en razonar para llegar a esta conclusión partiendo de los principios más básicos.

convencional es lo establecido; como grupo, los lemmings pueden dar una imagen pésima, pero ningún lemming particular tuvo jamás mala fama).[4]

Los lemmings pueden introducir pequeños cambios, por supuesto, pero no los cambios que necesitan para tener un impacto notable. Y por más que presuman de estar haciendo grandes cosas para cambiar el curso de los acontecimientos, cuando escarbas bajo la superficie, todo sigue como siempre. En realidad, lo que cambió es el *marketing*.

El cambio solo se produce cuando se está dispuesto a pensar de manera independiente, cuando haces lo que nadie más está haciendo y te arriesgas a quedar como un loco por hacerlo. Cuando te das cuenta de que estuviste haciendo lo mismo que todos los demás y de que lo haces solo porque ellos lo hacen, es momento de probar algo nuevo.

Más adelante explicaré más ejemplos de cómo opera la convención social predeterminada y cómo combatirla. Por el momento, ten presente lo siguiente: si te descubres invirtiendo energía en encajar en una multitud, si te da miedo decepcionar a otras personas, si te asusta quedar como un marginado o si la amenaza del menosprecio te aterra, ¡ten cuidado! La convención social predeterminada está al mando.

La inercia predeterminada

El enemigo jurado de cualquier intento de
cambiar los hábitos humanos es la inercia.
La civilización está constreñida por la inercia.

EDWARD L. BERNAYS,
Propaganda

A mediados de la década de los 2000, invertí una cantidad importante de mi fortuna en una pequeña cadena de restaurantes. Un gran inversor había adquirido una participación mayoritaria en la empresa y consiguió dar la vuelta a las operaciones, pero los cambios aún no se reflejaban en el precio de las acciones corporativas. El director ejecutivo decía y hacía las cosas correctas. Era una oportunidad atractiva y me lancé.

Sin embargo, en el transcurso de los años que siguieron, la actitud del director ejecutivo cambió. Lo que empezó siendo una sociedad justa se convirtió en una dictadura.

Como una olla de agua a punto de ebullición, el cambio era lento y difícil de percibir hasta que, de repente, rompió a hervir.

Había ganado múltiplos con respecto a mi inversión inicial y creía en su futuro, de manera que dudaba de si abandonar la posición demasiado pronto, pero al final los hechos resultaron abrumadores y tuve que vender. Tras un cierto éxito, el ego predeterminado se había apoderado del director ejecutivo. De repente, los socios no éramos todos iguales. Había uno mejor que el resto.*

Me llevó un tiempo cambiar de opinión. Las transgresiones que hacía el director ejecutivo eran menores y no resultaba difícil encontrarles una explicación. Solo después de distanciarme y poder contemplar la situación con cierta perspectiva me di cuenta de lo lejos que había llegado su comportamiento. Tuve suerte de salir de la ecuación antes de que todo el mundo se diera cuenta de lo que ocurría: estuve a punto de perder mucho dinero.**

La inercia predeterminada nos espolea a mantener el *statu quo*. Empezar algo es duro, pero también lo es pararlo.[1] Nos resistimos al cambio aun cuando el cambio es a mejor.

El término latino *inertia* significa, literalmente, «inactividad», es decir, pereza u ociosidad. En física, «inercia» alude a que un objeto en movimiento se resiste a los cambios.

---

* La jerarquía es un poderoso instinto biológico.
** En el momento de escribir estas líneas, el precio bursátil de la empresa lleva diez años acumulando un retorno de la inversión negativo en un periodo de grandes retornos del mercado de valores en general. No dudo que la suerte jugó una parte en que yo vendiera las acciones cuando alcanzaron su máximo histórico.

De ahí que una manera popular de expresar la primera ley del movimiento de Newton, la ley de la inercia, sea: «Un cuerpo en movimiento tiende a seguir en movimiento, y un cuerpo en reposo tiende a seguir en reposo».

Los objetos, por sí solos, nunca cambian. No empiezan a moverse solos ni dejan de hacerlo hasta que algo los detiene.*

Esta ley de la física también puede aplicarse al comportamiento humano y a nuestro instinto de resistirnos incluso a los cambios beneficiosos. El físico Leonard Mlodinow lo resume como sigue: «Una vez que nuestras mentes avanzan en una dirección tienden a continuar en esa misma dirección a menos que una fuerza exterior actúe sobre ellas».[2] Esta inercia cognitiva explica por qué nos cuesta tanto cambiar de opinión.

La inercia nos mantiene en empleos que detestamos y en relaciones que no nos hacen felices porque en ambos casos sabemos qué esperar y nos reconforta que se cumplan nuestras expectativas.

Un motivo que nos lleva a resistirnos al cambio es que mantener las cosas tal como están apenas requiere esfuerzo. Ello explica por qué nos volvemos complacientes. Se necesita un gran esfuerzo para tomar impulso y, en cambio, mucho menos para mantenerlo. Una vez que algo es «lo suficientemente bueno», podemos poner fin al esfuerzo y seguir obteniendo resultados decentes. La inercia predeterminada

---

* Unos cincuenta años antes de que Newton publicara su formulación de la ley, Descartes la resumió como sigue: «Un objeto en reposo permanece en reposo o, si está en movimiento, permanece en movimiento a una velocidad constante, a menos que una fuerza externa neta actúe sobre él».

aprovecha nuestro deseo de mantenernos en nuestra zona de confort, aplicando viejas técnicas y estándares incluso cuando dejaron de ser óptimos.

Otro motivo por el que acostumbramos a rechazar el cambio es que hacer algo diferente puede comportar resultados peores. Con respecto al cambio, se da una asimetría: nos tomamos más a pecho los resultados negativos que los positivos. Unos resultados peores nos hacen destacar por malos motivos. ¿Por qué arriesgarnos a quedar como idiotas cuando podemos seguir siendo como el promedio? Preferimos ser mediocres a asumir el riesgo de quedar por debajo del promedio.

La inercia resulta evidente en muchos de nuestros hábitos cotidianos, como cuando seguimos comprando la misma marca de un producto en el supermercado incluso aunque se lance una nueva y mejor al mercado. Esta reticencia a probar productos nuevos suele deberse a la incertidumbre y al esfuerzo que comporta evaluarlos. Para salvar este escollo, las empresas suelen ofrecer muestras gratuitas a los consumidores, cosa que les permite asumir el bajo riesgo de probar un nuevo producto y evaluar su calidad sin temor a que los decepcione.

Nos gusta pensar que somos tolerantes y estamos dispuestos a cambiar nuestras creencias cuando cambian los hechos, pero la historia lo desmiente. Cuando aparecieron los primeros automóviles, muchos críticos los tildaron de moda pasajera, aduciendo que los caballos y los carruajes eran un medio de transporte más fiable. De manera similar, cuando se inventó el avión, el público veía con escepticismo su practicidad y su seguridad. La radio, la televisión e internet afrontaron inicialmente un recelo semejante, pese a lo cual cada uno de estos inventos tuvo un hondo impacto en nuestro modo de vida actual.

El «punto medio» es un lugar peligroso en la inercia. Es el punto en el que las cosas funcionan lo bastante bien como para que no sintamos la necesidad de introducir cambios. Esperamos que las cosas mejoren por arte de magia. Pero, como es bien sabido, eso rara vez ocurre. Por ejemplo, seguir en una relación demasiado buena para dejarla pero demasiado mala para quedarse es el ejemplo perfecto del punto medio. Si las cosas fueran mucho peores, reaccionaríamos; pero, como no son terribles, nos quedamos y esperamos a que mejoren.

Obstinarse en el error

Tal como dice la famosa cita que a menudo se atribuye erróneamente a Charles Darwin: «No es la especie más fuerte la que sobrevive, ni la más inteligente. Es la que mejor se adapta al cambio».[3] Pese a tratarse de una cita falsamente atribuida, no es menos útil por no pertenecer a Darwin.

Cuando las circunstancias cambian, tenemos que adaptarnos. Pero la inercia cierra mentes y asfixia la motivación para cambiar nuestra manera de hacer las cosas. Nos complica imaginar métodos alternativos y desalienta la experimentación y la corrección del rumbo.

Por ejemplo, las declaraciones públicas pueden crear inercia. Dejar algo grabado crea expectativas, además de la presión social de cumplirlas. Cuando una nueva información pone en entredicho una de nuestras afirmaciones, podemos reaccionar por instinto demeritándola y recalcar la información anterior en que se sustentaba. Queremos ser coherentes con lo que dijimos. Cambiar de opinión nos resulta cada vez más difícil. Somos testigos de cómo, por ejemplo, la gente tilda a un político de «charlatán» en lugar de considerarlo «inteligente» cuando modula su posición en respuesta a los acontecimientos, y nuestro temor a las implicaciones sociales que comporta cambiar de opinión va en aumento.

La inercia también nos impide hacer cosas difíciles. Cuanto más evitamos hacer una cosa difícil que deberíamos hacer, más difícil resulta hacerla. Evitar el conflicto es cómodo y fácil. Pero cuanto más lo evitamos, más necesario se vuelve continuar evitándolo. Y así, lo que empieza siendo una nimiedad, como eludir una conversación espinosa, acaba degenerando en la necesidad de evitar una conversación trascendental y casi imposible. El peso de lo que evitamos acaba afectando a nuestra relación.

Los grupos crean una inercia propia. Tienden a valorar la coherencia por encima de la eficiencia y recompensan a las personas que mantienen el *statu quo*. La inercia dificulta desviarse de las normas del grupo. La amenaza de sobresalir por algo negativo a menudo lleva a la gente a seguir el camino trillado. A resultas de ello, la dinámica grupal acaba favoreciendo a las personas que no se desvían de los comportamientos predeterminados.

La inercia del grupo es, en parte, la responsable de que un amigo mío, y sospecho que muchas otras personas, se casara. Según él, visto en retrospectiva, «todas las señales indicaban que podía salir mal, pero se me hacía una montaña empezar de cero con alguien nuevo y todo el mundo a nuestro alrededor estaba comprometiéndose, así que nosotros también lo hicimos».

La influencia de la inercia no solo es problemática en nuestro trabajo y en nuestras relaciones, sino que también puede serlo para nuestra salud. En 1910, una destacada experta en toxicología industrial estadounidense, Alice Hamilton, fue designada directora de un estudio sobre enfermedades industriales en el estado de Illinois. En el curso de unos pocos años, proporcionó pruebas definitivas de los peligros de la exposición al plomo en el entorno laboral y a los gases de escape con plomo que emitían los automóviles. Pero, pese a las pruebas, General Motors y otros fabricantes automovilísticos continuaron produciendo vehículos que funcionaban con combustible con plomo. Hasta la década de 1980 no se prohibió finalmente en Estados Unidos la gasolina con plomo. Incluso hoy, el plomo sigue utilizándose para otras aplicaciones, a pesar de la existencia de alternativas no tóxicas disponibles a un precio similar.[4]

La inercia hace que sigamos haciendo cosas que no nos proporcionan lo que queremos. Opera en nuestro subconsciente sin que nos demos cuenta de ello hasta que sus efectos son demasiado graves para poder contrarrestarlos. Más adelante aportaré más ejemplos de cómo funciona la inercia predeterminada y cómo combatirla. Por el momento, ten presente lo siguiente: si te descubres mordiéndote la lengua estando en grupo, si notas que o tú o tu equipo se resisten al cambio o siguen haciendo algo de una manera determinada por el simple motivo de que siempre se ha hecho así, ¡ten cuidado! Probablemente la inercia predeterminada esté al mando.

Convierte la claridad en tu condicionante predeterminado

Un hombre puede hacer lo que quiere,
pero no puede querer lo que quiere.

ARTHUR SCHOPENHAUER

Si bien no podemos eliminar nuestros condicionantes predeterminados, sí que podemos reprogramarlos. Si queremos mejorar nuestro comportamiento, alcanzar más de nuestras metas, experimentar una mayor felicidad y encontrar un mayor sentido a nuestras vidas, tenemos que aprender a gestionar nuestros condicionantes predeterminados.

La buena noticia es que las mismas tendencias biológicas que nos hacen reaccionar sin pensar pueden reprogramarse a nuestro favor.

Piensa en tus patrones predeterminados de pensamiento, sentimiento y comportamiento como algoritmos que tienes programados para que se ejecuten de manera inconsciente en respuesta a detonantes de otras personas o del entorno. No pensamos en mover la rodilla cuando el doctor nos golpea con un martillo de reflejos. Simplemente se mueve. Lo mismo sucede con tus pensamientos y acciones. Recibimos algún estímulo del mundo exterior y ejecutamos un algoritmo que lo procesa y produce de manera automática un resultado.

Muchos de los algoritmos que ejecutas están programados en ti por la evolución, la cultura, los rituales, tus padres y tu comunidad. Algunos de ellos te ayudan a acercarte a lo que quieres y otros te alejan de ello.

Adoptas de manera inconsciente los hábitos de las personas con quienes pasas tiempo, y esas personas te facilitan o te complican progresar hacia tus aspiraciones. Cuanto más tiempo pasas con ellas, más probable es que empieces a pensar y a actuar como ellas.

Al final, casi todo el mundo pierde la batalla con la fuerza de voluntad; es solo cuestión de tiempo. Pongamos por ejemplo a mis padres. Ninguno de los dos fumaba cuando se unieron a las fuerzas armadas, pero no pasó mucho tiempo antes de que siguieran el ejemplo de sus compañeros fumadores. Al principio se resistieron, pero a medida que los días dieron paso a semanas, no podría decir que no fueron vencidos por aquel hábito. Décadas después, dejar de fumar les resultaba casi imposible porque casi todos sus conocidos fumaban. La misma fuerza que los había alentado a tomar el primer cigarro les impedía ahora dejar el último. Solo fueron capaces de dejar el hábito cambiando de entorno. Tuvieron que buscar nuevos amigos cuyo comportamiento predeterminado encajara con su comportamiento deseado.

Y eso es lo que ocurre a veces cuando adoptamos o rompemos hábitos. Lo que puede parecer disciplina a menudo implica dotarse de un entorno conformado a conciencia para alentar determinados comportamientos. Y lo que pueden parecer malas elecciones a veces es solo el intento vano de alguien tratando de desplegar su fuerza de voluntad y colisionando contra sus condicionantes predeterminados. Las personas con los mejores condicionantes predeterminados suelen ser las que disfrutan del mejor entorno. A veces forma parte de una estrategia deliberada y a veces es mera casualidad. En cualquier caso, es más fácil alinearse con el comportamiento adecuado cuando todo el mundo lo hace.

La manera de mejorar los condicionantes predeterminados no es mediante la fuerza de voluntad, sino creando un entorno intencionado donde tu comportamiento deseado se convierta en el comportamiento predeterminado.

Unirse a grupos cuyas conductas predeterminadas se correspondan con tu comportamiento deseado es una manera eficaz de crear un entorno intencionado. Si quieres leer más, únete a un club de lectura. Si quieres correr más, apúntate a un club de corredores. Si quieres hacer más ejercicio, contrata a un entrenador personal. El entorno que tú elijas, y no solo la fuerza de voluntad, te ayudará a avanzar hacia las mejores decisiones.

Ahora bien, es más fácil decirlo que hacerlo. Para reprogramar una computadora basta con reescribir líneas de código, pero reprogramarte a ti mismo es un proceso más largo y arduo. Es un proceso que describiré en los capítulos siguientes.

PARTE II

FORTALECIMIENTO

*Criticar a los demás es más fácil
que llegar a conocerse a uno
mismo.*

BRUCE LEE

Para combatir a los enemigos de pensar con claridad
se necesita algo más que fuerza de voluntad.

Nuestros condicionantes predeterminados activan tendencias biológicas profundamente engra-
nadas: nuestras tendencias a la autopreservación,
a identificar y mantener las jerarquías sociales y a
defendernos y defender nuestro territorio. No podemos limitarnos a saber que esas tendencias
existen y desear que no existan. Por el contrario,
la sensación de que solo se necesita fuerza de

voluntad para eliminar estas fuerzas es uno de los ardides que usan para mantenernos controlados.

Para evitar que nuestros condicionantes predeterminados nos impidan tener un buen discernimiento, debemos dominar otras fuerzas biológicas igual de potentes. Tenemos que apoderarnos de las mismas fuerzas que utilizarían los condicionantes predeterminados para hundirnos y utilizarlas en nuestro beneficio. Y la más importante entre ellas es la fuerza de la inercia.

La inercia es una espada de doble filo. Como vimos antes, la inercia es una tendencia a mantener el *statu quo*. Si el *statu quo* es subóptimo o disfuncional, la inercia actuará en nuestra contra. Pero el *statu quo* no tiene por qué ser subóptimo. Si te entrenas para pensar, sentir y actuar de un modo coherente que te ayude a progresar hacia tus objetivos importantes, si, dicho de otro modo, te «fortaleces», entonces la inercia se convierte en una fuerza casi imparable que desbloquea tu potencial.

Establecer rituales es clave para crear una inercia positiva. Los rituales nos ayudan a concentrarnos en algo que no sea el momento presente. Pueden ser tan sencillos como hacer una breve pausa antes de responder a un punto de discordia con alguien en el trabajo. Uno de mis antiguos mentores solía decirme: «Cuando alguien te desaire en una reunión, respira hondo antes de hablar y observa la frecuencia con la que cambias lo que estás a punto de decir».

Los rituales se encuentran ocultos a la vista en todos aquellos aspectos en los que el temperamento influye en el rendimiento. La próxima vez que veas un partido de básquetbol o de tenis, date cuenta de que los jugadores siempre botan la pelota el mismo número de veces antes de lanzar un tiro libre o de hacer un saque. Da igual si la jugada previa fue la mejor o la peor de su carrera. Los rituales obligan a la mente a centrarse en la jugada siguiente, no en la anterior.

La fuerza es la capacidad de obligarte a poner en pausa tus condicionantes predeterminados y ejercer un buen discernimiento. No importa lo que pase en el mundo o lo injustas que puedan parecer las cosas. Y tampoco importa que te sientas avergonzado, amenazado o enojado. La persona que es capaz de dar un paso atrás momentáneo, de centrarse y de salvar la situación obtendrá un mejor resultado que la que es incapaz de hacerlo.

Cuando Rudyard Kipling escribió su famoso poema «Si...», el que dice: «Si puedes conservar la cabeza cuando a tu alrededor todos la pierden y te echan la culpa; si puedes confiar en ti mismo cuando los demás dudan de ti»,* hizo un contundente alegato de la fuerza personal.

Fortalecerse consiste en domesticar los caballos salvajes de nuestra naturaleza, adiestrarlos y enjaezarlos para que mejoren nuestras vidas. Consiste en transformar los vientos contrarios a nuestra

---

* Eliminé la palabra «hombres» («cuando todos los demás hombres») de la cita original.

biología en corrientes favorables que nos transporten de manera segura hasta nuestros objetivos más preciados.

He aquí cuatro fortalezas básicas que necesitarás:

Autorresponsabilidad: asumir la responsabilidad de desarrollar tus capacidades, de gestionar tus incapacidades y de aplicar la razón para gobernar tus acciones.

Autoconocimiento: conocer tus propias fortalezas y debilidades, saber lo que eres capaz de hacer y lo que no.

Autocontrol: dominar tus miedos, tus deseos y tus emociones.

Seguridad en ti mismo: confiar en tus capacidades y en tu valía para los demás.

Definiré cada una de estas fortalezas y analizaremos cómo contrarrestan tus condicionantes predeterminados antes de explicar cómo puedes empezar a reforzarlas y asir las riendas de tu vida.

•

Autorresponsabilidad

Soy el amo de mi destino,
soy el capitán de mi alma.

W. E. HENLEY, «INVICTUS»

La autorresponsabilidad comporta asumir la responsabilidad por nuestras capacidades e incapacidades y por nuestras acciones. Si no eres capaz de hacerlo, tal vez no consigas progresar.

Quizá no haya nadie en tu vida que te exija asumir responsabilidades, pero esa no es la cuestión. Puedes asumir responsabilidades contigo mismo. Otras personas pueden no esperar más de ti, pero tú sí puedes esperar más de ti mismo. No hay que recompensar ni castigar a nadie por hacerlo.

Las recompensas externas sientan bien, pero son opcionales, no las necesitas para dar lo máximo de ti. Tus juicios honestos sobre ti mismo son más importantes que los de nadie más. Y cuando metes la pata, deberías ser lo bastante fuerte como para mirarte al espejo y decir: «Fue mi culpa. Tengo que hacerlo mejor». Aunque nunca te lo pida nadie, eres tú quien está al mando de tu propia vida, y de una parte de resultados mucho mayor de lo que tal vez pienses.

Las personas sin autorresponsabilidad tienden a funcionar con el piloto automático puesto. Y eso es justo lo opuesto de manejar las riendas de tu propia vida. Esas personas sucumben reiteradamente a la presión externa: buscan recompensas, evitan castigos y se miden a sí mismas en relación con los resultados de otras personas. Son seguidores, no líderes. No asumen la responsabilidad por sus errores. En lugar de ello, siempre intentan culpar a otras personas, a las circunstancias o a la mala suerte. Nada es nunca culpa suya.

Pues bien, tengo algo que decirte: todo es culpa tuya.

Siempre hay algo que puedes hacer hoy, en este momento, para mejorar tu posición mañana. Tal vez no seas capaz de resolver el problema, pero tu siguiente movimiento hará que la situación mejore o empeore. Por minúscula que sea, siempre hay una acción que puedes controlar y que te ayudará a progresar.

Excusas, excusas

Quejarse no es una estrategia. Tienes que trabajar con el mundo tal como lo encuentras, no como te gustaría encontrarlo.

JEFF BEZOS[1]

Una mañana de domingo al principio de mi carrera profesional, llegué al trabajo y me encontré a un compañero ya allí. Estábamos programando una pieza esencial de *software* para una operación encubierta inminente. Poco después de sentarme en mi escritorio, se me acercó.

—Se suponía que ese código que estabas programando debería haber estado listo hace dos días —me dijo—. La operación es esta noche y no podemos hacerla sin él. Y aún tenemos que probarlo. Pusiste toda la operación en riesgo. Hay gente que depende de nosotros.

En el mundo posterior a los atentados del 11-S, todos trabajábamos sin descanso y estábamos sometidos a una enorme presión. Nadie dormía más de cinco o seis horas al día. Y nuestra salud, a juzgar por las dosis de café o refresco de cola que nos tomábamos una o dos veces por hora, era cuando menos cuestionable.

Estábamos programando un *software* esencial para la misión en los niveles más bajos del sistema operativo, algo complejo incluso en las mejores circunstancias. No había manual de instrucciones y tampoco se podía consultar en Google cómo hacerlo. No era tan sencillo como eso.

Estábamos creando algo nuevo. Y la presión temporal no ayudaba. Hacíamos todo lo que podíamos, pero nada parecía bastar. Y tras años de semanas laborales de sesenta horas y de presión constante, nuestras relaciones personales y profesionales empezaban a resquebrajarse.

Respondí lo que me pareció más natural:

—Es que… tuve que acudir a un montón de reuniones y me endosaron otro proyecto que el director dijo que era máxima prioridad. Además, tenía previsto trabajar en ello el viernes por la mañana, pero el autobús se quedó atascado en la nieve y tardé dos horas en llegar aquí.

Creí haber evitado un desastre, pero mi diálogo interior era una respuesta incluso más a la defensiva. Decía algo como: «¡Amigo! Dame un respiro. Es domingo. Hace años que no tengo un día libre. Pasé mucho más tiempo contigo que con mi novia. Lo hago lo mejor que puedo, y nada parece bastar».

—Entonces, ¿pretendes decirme que no es culpa tuya? —comentó él con aire ingenuo, tendiéndome una trampa que no detecté.

—Mira, pasaron muchas cosas que estaban fuera de mi control —repuse—. Pero no te preocupes. Hoy lo acabo.

—¡Y un cuerno! Es culpa tuya. Deja de inventarte excusas. —Se dio media vuelta y comenzó a caminar—. Haz lo que tengas que hacer o tendremos que abortar la operación por tu culpa —reiteró sin volver la vista atrás.

De repente, me sentí vigorizado, pero no con la energía positiva de avanzar hacia un objetivo. Los condicionantes predeterminados se hicieron con el control. Era una energía destinada a defender mi ego. Estaba defendiendo mi territorio, defendiendo mi propia esencia.

No hay mayor fuente de energía renovable en el mundo que cuando uno defiende su propia imagen. Aunque mi compañero no me amenazó físicamente, sí que cuestionó la idea que yo tenía de estar trabajando duro y solucionando dificultades. Y cuando alguien amenaza la imagen que tienes de ti mismo, dejas de pensar y empiezas a reaccionar.

Comencé a redactar una lista de todas las cosas que había hecho a lo largo de la semana: cuántas horas había trabajado, en cuántos proyectos había colaborado, a cuántas personas y en cuántas operaciones había ayudado… Y mientras revisaba aquellos puntos, mi enojo iba en aumento. La inercia de mis emociones negativas se transformó en un potente círculo vicioso. No era consciente de la senda en la que me había internado. Estaba reaccionando, no razonando. Mi capacidad de poner excusas parecía ilimitada: «¡¿Quién es este tipo para decirme que es culpa mía?! ¡No tiene ni idea de lo que pasó!».

Le envié por correo electrónico la lista. Llenaba más de una página. Su respuesta me llegó unos instantes después:

> **Me importa un bledo. Es tu responsabilidad con nuestro equipo y con nuestra misión acabar lo que se te encargó. Si no eres capaz de asumirlo, aprende a hacerlo, y la próxima vez te espabilas. No quiero trabajar contigo.**
>
> **P. D.: No culpes al autobús por llegar tarde. Cómprate un coche.**

¡¡¿Qué carajo?!! Mi respuesta pasó del estado mental al físico. Se me aceleró el corazón y se me entrecerraron los ojos al perder el control de mis emociones y pensamientos. Aquel breve correo me frustró durante horas.

Toda la energía que invertimos en defendernos va en detrimento de la única cosa que ayudaría a mejorar la situación: poner manos a la obra y hacer lo que hay que hacer. Ni siquiera nos damos cuenta de estar tomando esa decisión. Si alguien me hubiera dado una palmadita en el hombro y me hubiera dicho: «Estás a punto de malgastar tres horas de energía en esto, ¿estás seguro de que es lo que quieres hacer?», habría respondido que no.

Y aunque su mensaje no era ni agradable ni justo, fue amable y me cambió la vida. Desde luego que mi compañero podría haber sido más considerado.* Pero eso no significa que estuviera equivocado.

Con frecuencia, las personas a las que pedimos *feedback* son amables pero no agradables. Las personas amables te dirán cosas que las personas agradables se callan. Una persona amable te dirá que tienes un trocito de espinaca entre los dientes. Una persona agradable no te lo dirá, porque la incomoda. Una persona amable te dirá lo que te frena aunque te disguste. Una persona agradable evita darnos *feedback* crítico porque le preocupa herirnos los sentimientos. De ahí que acabemos pensando que a otras personas les interesarán nuestras excusas.**

A mi equipo le daba igual que mi autobús se hubiera retrasado y que no fuera culpa mía. Lo único que importaba era el éxito de la operación. Y a menudo eso se reduce a los resultados.

A nadie le importan tus excusas más que a ti. De hecho, a nadie le importan tus excusas salvo a ti.

A nadie le importa. Es culpa tuya

Cuando las acciones de las personas tienen consecuencias que no se alinean con cómo se ven a sí mismas, tienden a

---

* Con el tiempo acabamos haciéndonos amigos.
** Sarah Jones Simmer me enseñó la diferencia entre ser amable y ser agradable en el episodio 135 del pódcast *The Knowledge Project*.

aislar sus egos culpando a terceros o a unas circunstancias desfavorables. Los psicólogos incluso tienen un término para denominar esta tendencia. La llaman «sesgo de autoservicio» o «sesgo por interés personal», y consiste en el hábito de evaluar las cosas de tal modo que protejan o mejoren la imagen que tenemos de nosotros mismos. Afirmaciones como «Era una gran idea mal ejecutada», «Lo hicimos lo mejor que pudimos» y «Para empezar, nunca debimos habernos puesto en esta situación» suelen ser manifestaciones de este sesgo.*

Y puede ser verdad. Quizá realmente no fuera una mala idea, sino que sencillamente no se ejecutó bien. Y quizá lo hicieras lo mejor que sabías. Quizá nunca debiste haberte envuelto en esa situación. Pero, por desgracia, eso no importa. A nadie le importa. Nada de ello cambia el resultado ni resuelve los problemas que siguen existiendo.

¿Que no es tu culpa? Da igual, sigue siendo tu responsabilidad

Solo porque haya ocurrido algo que escapa a tu control no significa que no sea responsabilidad tuya lidiar con ello lo mejor que puedas.

Nuestro deseo de protegernos nos impide avanzar. Resulta tentador absolverse a uno mismo, levantar las manos en el aire y afirmar que no tienes control sobre la situación a la que te viste abocado. Y, desde luego, a veces es así.

---

* El sesgo de autoservicio también contribuye a la autopreservación. El yo que estamos preservando es nuestra esencia, nuestra identidad.

Hay circunstancias fortuitas que tienen un impacto negativo. La gente sufre infortunios todo el tiempo por motivos que escapan a su control: balas perdidas, enfermedades, un accidente de tráfico con un conductor ebrio...

Pero quejarte no sirve para cambiar la situación presente en la que te encuentras. Y pensar que no fue culpa tuya tampoco mejora las cosas. Seguirás siendo tú quien tenga que afrontar las consecuencias.

Céntrate siempre en el siguiente movimiento, el que te acerca o te aleja de tu meta.

Si juegas al póquer, aprendes a hacerlo de manera intuitiva. Te dan una mano en la que la suerte es el principal factor. Compadecerte, quejarte por la mano que te dieron o culpar a otros por cómo jugaron sus cartas solo te distrae de lo que sí puedes controlar. Tu responsabilidad es jugar lo mejor que puedas.

Puedes invertir energía en las cosas que controlas o en las que no controlas. Toda la energía que inviertas en cosas que no controlas se la robarás a la energía que podrías destinar a las cosas sobre las que sí tienes control.

Y aunque nadie elige unas circunstancias difíciles, la adversidad genera oportunidades. Nos permite ponernos a prueba y ver en quiénes nos convertimos. Pero ese análisis no se hace en contraposición con otras personas, sino con nuestros yos anteriores. ¿Somos mejores de lo que éramos ayer? Cuando las circunstancias son propicias, cuesta distinguir a la gente ordinaria de las personas extraordinarias, o ver lo extraordinario que hay en nosotros mismos. Tal como el esclavo romano Publilio Siro dijo en una ocasión: «Cualquiera puede manejar el barco con el mar en calma».*

El camino para convertirte en un ser excepcional empieza cuando decides ser responsable de tus acciones independientemente de cuál sea la situación. La gente excepcional sabe que no puede cambiar la mano de cartas que le dieron y no pierde el tiempo suspirando por tener una distinta. En lugar de ello, se centra en determinar cómo va a jugar las cartas que tiene para conseguir el mejor resultado. No se oculta tras los demás. Las personas más sobresalientes afrontan los desafíos, sean cuales sean. Eligen ponerse a la altura de la mejor imagen de sí mismas, en lugar de rendirse a sus condicionantes predeterminados.

Uno de los errores más habituales que cometen las personas consiste en negociar cómo debería funcionar el mundo en lugar de aceptar cómo funciona en realidad. Cada vez que te sorprendas quejándote para tus adentros o con tus compañeros de que el mundo «no está bien», «no es justo» o «no debería ser así», piensa que lo que estás haciendo es negociar, no aceptar. Quieres que el mundo funcione de una manera distinta de como funciona.

No aceptar cómo funciona el mundo te obliga a invertir tiempo y energía en demostrar que tienes razón. Cuando los resultados deseados no se materializan, es fácil culpar a las circunstancias o a los demás. Yo lo denomino «el lado equivocado de lo correcto». Te centras en tu ego, no en el resultado.

---

* *The Moral Sayings of Publilius Syrus*, 358. Bauticé mi empresa de inversiones, Syrus Partners (syruspartners.com), en su honor.

Cuando dejas de negociar y empiezas a aceptar la realidad de la situación, aparecen soluciones. Eso ocurre porque centrarse en el movimiento siguiente, en lugar de en cómo llegaste hasta el punto presente, te abre un montón de posibilidades. Cuando priorizas los resultados al ego, obtienes un mayor éxito.

Tu manera de reaccionar siempre puede mejorar o empeorar las cosas

No puedes controlarlo todo, pero sí puedes controlar cómo reaccionas, y eso puede mejorar o empeorar las circunstancias. Cada reacción tiene un impacto en el futuro, y puede o bien acercarte, o bien alejarte un paso más de los resultados a los que aspiras o de la persona que quieres ser.

Una pregunta eficaz que puedes formularte antes de actuar es: «¿Esta acción facilitará o dificultará el futuro?».* Esta pregunta sorprendentemente sencilla ayuda a cambiar la perspectiva sobre la situación y evita que las cosas empeoren. Como mi abuelo (y muchas otras personas) solía decir: «Si estás en un hoyo, lo primero que tienes que hacer es dejar de excavar».

Un día, cuando tenía veintitantos años, me encontraba en la oficina de mi mentor. Se me había escapado un ascenso, el primero para el que me había postulado, y me estaba quejando con él de lo injusto que era.

---

* Utilizo la siguiente versión de esta pregunta con mis hijos: «¿Este comportamiento te acerca o te aleja de lo que quieres?». Y es asombrosamente eficaz.

—¿Por qué me pasa esto a mí? —recuerdo decirle—. ¿Acaso alguien pretende enviarme un mensaje?

Empecé a hablar mal de la persona que había tomado la decisión y mi mentor me interrumpió.

—Te niegas a aceptar algo que ya pasó —me dijo—. Y eso es una locura.

—¿Una locura? —le pregunté.

—Sí. Ya pasó. No puedes discutirlo. Mira —continuó—, es una tontería. Estás más que cualificado para ese puesto. Pero no lo conseguiste y hay un motivo que lo explica. La clave aquí es dejar de culpar a los demás y asumir la responsabilidad.

Digerí sus palabras. Tenía razón. El mundo no era algo que me pasara a mí. No pretendía cazarme. Tenía que mirar en mi interior, evaluar siendo sincero conmigo mismo cómo había contribuido yo a aquel resultado y actualizar mi manera de proceder.

Al salir de la oficina de mi mentor, la implicación de sus palabras estaba clara. Si no era capaz de aprender a autorresponsabilizarme, no llegaría demasiado lejos.

Quejarse no es una solución

Afrontar la realidad es duro. Es mucho más fácil culpar a factores que escapan a nuestro control que analizar nuestras propias aportaciones.

A menudo bregamos contra el *feedback* que nos da el mundo para proteger nuestras creencias. En lugar de cambiar nosotros, queremos que cambie el mundo. Y si no tenemos capacidad para cambiarlo, hacemos lo único que pensamos que podemos hacer: quejarnos.

Quejarse no es productivo. Solo te induce a convencerte erróneamente de que el mundo debería funcionar de otro modo. Distanciarte de la realidad te dificulta aún más resolver los problemas que afrontas. Pero siempre hay algo que puedes hacer hoy para facilitarte el futuro, y en el momento en el que dejes de quejarte empezarás a saber qué es ese algo.

No eres una víctima

El relato más importante es el que uno se cuenta a sí mismo. Si bien narrarte una historia positiva no siempre te garantiza la obtención de un buen resultado, narrarte una historia negativa a menudo sí te garantiza uno malo.

Cada uno de nosotros es el protagonista del relato sobre sí mismo que se cuenta. Ser culpable cuando las cosas van mal dadas no encaja con el papel de protagonista que nos autoasignamos. De ahí que, a la hora de explicar por qué algo no funcionó, busquemos a alguien a quien culpar.

Si bien señalar a alguien cuando no obtenemos los resultados que ansiamos puede aportarnos una satisfacción momentánea, no nos proporciona un mejor discernimiento ni nos convierte en mejores personas. Se trata de una reacción defensiva impulsada por el condicionante predeterminado del ego, una reacción que nos mece en los brazos de la debilidad y la fragilidad.

Cuando culpas constantemente a las circunstancias, al entorno o a otras personas, en realidad estás afirmando que tienes poca capacidad para influir en el resultado. Pero eso no es lo que ocurre en realidad. La verdad es que tomamos repetidas elecciones en la vida que se convierten en hábitos, que esos hábitos determinan nuestras trayectorias y que esas trayectorias determinan nuestros resultados. Cuando justificamos esos resultados indeseados, nos absolvemos de toda responsabilidad por generarlos.

Hay una palabra para designar a las personas que siempre reaccionan a los problemas culpando a los demás o a las circunstancias: «víctimas». Por supuesto, en realidad no son víctimas, simplemente tienen la sensación de serlo, y esa sensación enturbia un buen discernimiento. Las víctimas crónicas se sienten indefensas, impotentes y, a menudo, desesperanzadas. Nada es nunca culpa suya; siempre es culpa de otra persona o de algo que se interpuso en el camino. Nadie nace queriendo ser una víctima crónica, pero la lenta acumulación de reacciones que eluden la responsabilidad hace que a las personas les resulte difícil ver en qué se están convirtiendo. Y al final, eso es lo que son.

Hay momentos en el proceso de convertirse en una víctima crónica en los que las personas se dan cuenta de que se están mintiendo a sí mismas. Se dan cuenta de que la historia que se están contando no es del todo cierta. Saben que son responsables. Pero afrontar la realidad y asumir la responsabilidad es duro. Y es incómodo. Es mucho más fácil ocultarse y culpar a otras personas, a las circunstancias o a la suerte.

Irónicamente, las personas que más preocupación demuestran por las víctimas crónicas son quienes alientan, sin pretenderlo, su juego de la culpa. Cuando las cosas no salen como uno espera, es natural desahogarse con la familia o con amigos íntimos. Nos dan su cariño y su apoyo y lo hacen con la mejor de las intenciones. Les encantaría validar nuestra interpretación de la situación y aliviarnos. Pero cuando lo hacen, nada cambia. Nuestra visión incorrecta del mundo se mantiene intacta. No nos alientan a replantearnos nuestros patrones de pensamiento, sentimientos y comportamiento. Y así, si más adelante nos enfrentamos a circunstancias similares, probablemente responderemos del mismo modo y obtendremos los mismos resultados decepcionantes.

Por otra parte, ¿alguna vez un amigo te dijo «Acabas de meter la pata hasta el fondo. ¿Cómo puedo ayudarte a enderezar la situación?» o «Déjame que te señale lo que te está impidiendo conseguir los objetivos que te propones»?

Si tienes un amigo así, llámalo ahora mismo y dale las gracias. Su presencia en tu vida es un regalo poco común. ¡Cuídalo!

O quizá haya sido uno de tus padres quien te lo haya dicho. Cuando yo tenía trece años, un día estaba con un grupo de amigos después de la escuela. Andaban metiéndose con un compañero de clase y yo me limitaba a mirar. Los maestros intervinieron y atajaron la situación antes de que se descontrolara. Yo no me había dado cuenta de que mi padre se había estacionado cerca; se había quedado en el coche, observando. Cuando entré al coche, me preguntó qué había pasado.

—Nada —contesté.

Mi padre me miró con la misma mirada con la que ahora miro yo a mis hijos.

—Solo nos estábamos metiendo un poco con un compañero —aclaré.

—¿Por qué? —quiso saber.

—Todo el mundo lo estaba haciendo. No era nada grave. Tranquilo.

Detuvo el coche en medio de la carretera y volvió a lanzarme una de aquellas miradas.

—Elegiste quedarte y decidiste no pararlos —dijo—. No puedes hacer algo solo por seguir la corriente a los demás y esperar salir libre de culpa. Eres responsable de tus decisiones. Y eres mejor persona de lo que lo fuiste en ese momento.

No volvió a dirigirme la palabra hasta el día siguiente.

Aprendí una lección importante: las cosas que eliges no hacer a menudo importan tanto como las que decides hacer. La verdadera vara para medir a una persona es el grado en el que está dispuesta a no ser conformista para hacer lo correcto.

Tardé un tiempo en darme cuenta de que mi padre estaba más decepcionado conmigo por no haber detenido a los demás que por estar allí.[2] No quería que me convirtiera en alguien pasivo, un individuo cuyo comportamiento está dictado por las personas y los eventos que lo rodean. No quería que me convirtiera en una víctima crónica de las circunstancias.

Ninguna persona de éxito quiere trabajar con una víctima crónica. Las únicas personas que quieren trabajar con víctimas son otras víctimas.

Si observas atentamente a las víctimas crónicas, te darás cuenta de lo frágiles que son, de cuánto dependen sus actitudes y sentimientos de cosas que escapan a su control. Cuando la situación les es favorable, están felices; en caso contrario, se muestran a la defensiva, pasivo-agresivas y, en algunos casos, agresivas-agresivas. Si su pareja está de mal humor, ellas también están de mal humor. Si encuentran tráfico de camino al trabajo, llegan enojadas y frustradas. Si un proyecto que dirigen no va bien encaminado, culpan a otro miembro del equipo.

La autorresponsabilidad es la fortaleza de darse cuenta de que, incluso aunque no lo controles todo, sí puedes controlar cómo reaccionas a todo. Es una mentalidad que te capacita para actuar y no solo reaccionar a lo que sea que te depare la vida. Transforma obstáculos en oportunidades de aprendizaje y crecimiento. Significa darse cuenta de que tu manera de reaccionar a las adversidades tiene más importancia para tu felicidad que las adversidades en sí mismas. Y significa entender que el mejor camino a menudo consiste en aceptar las cosas y continuar avanzando.

Autoconocimiento

Conócete a ti mismo.

INSCRIPCIÓN EN EL TEMPLO
DE APOLO EN DELFOS

Autoconocerse es saber cuáles son tus fortalezas y tus debilidades. Debes saber lo que eres capaz de hacer y lo que no, cuáles son tus habilidades y tus limitaciones, tus fuerzas y tus vulnerabilidades, qué tienes bajo control y qué escapa a este. Sabes lo que sabes y lo que no sabes. Es más, sabes que tienes puntos ciegos cognitivos, que hay cosas que desconoces y que no sabes que desconoces, las famosas «incógnitas desconocidas»* de Donald Rumsfeld.

---

* «Hay incógnitas desconocidas» fue una expresión que utilizó el secretario de Defensa de los Estados Unidos Donald Rumsfeld para responder a una pregunta en una rueda de prensa del Departamento de Defensa dada el 12 de febrero de 2002 acerca de la ausencia de pruebas que demostraran el vínculo del Gobierno iraquí con la provisión de armas de destrucción masiva a grupos terroristas. Rumsfeld jugó (en inglés) con las palabras *«unknown unknowns». (N. de la T.).*

Si quieres entender mejor tu nivel de autoconocimiento, plantéate cuántas veces al día pronuncias la frase: «No lo sé». Si no lo dices nunca, probablemente estés desestimando cosas que te sorprenden o justificando resultados, en lugar de entenderlos.

Entender lo que sabes y lo que no sabes es fundamental para jugar partidas que puedas ganar.

Recientemente fui testigo de una potente demostración de autoconocimiento en una cena colectiva con un amigo exitosísimo que había hecho una fortuna en el sector inmobiliario. Otro comensal, otro inversor astuto, le lanzó un discurso promocional sobre una empresa que cotizaba en bolsa, cuyas acciones iban a pasar a ser de capital privado. Era una de las ideas más atractivas que yo había oído en años.

Tras escuchar su disertación, mi amigo hizo una pausa momentánea, le dio un sorbo al agua y contestó: «No me interesa invertir». Toda la mesa se quedó en silencio; nos preguntábamos qué se nos escapaba. Finalmente, alguien rompió el silencio y le preguntó por qué no aprovechaba la oportunidad.

—No conozco en absoluto ese tema —respondió—. Prefiero limitarme a lo que conozco.

Al salir del restaurante, la conversación continuó. Mi amigo admitió que el discurso promocional sonaba muy bien, que confiaba en la persona y que pensaba que los inversores harían mucho dinero con aquel negocio. (Y lo hicieron). Y luego me dijo:

—La clave para invertir bien es saber lo que dominas y ceñirte a eso.

Mi amigo conocía bien el sector inmobiliario y sabía que, si jugaba en ese ámbito y era paciente, obtendría buenos resultados.

Lo importante no es el volumen de tu conocimiento, sino cómo lo emplees

Saber qué sabes es una de las habilidades más prácticas que puedes tener. El volumen de lo que sabes no es ni remotamente tan importante como conocer los límites de tu conocimiento.

Una noche, durante una cena, Charlie Munger se explayó sobre la misma idea que mi amigo inversor del sector inmobiliario había expuesto.

—Cuando te dedicas a jugar en sectores en los que otras personas tienen aptitudes y tú no, estás predestinado a perder. Tienes que determinar dónde tienes ventaja y permanecer ahí —me aconsejó.

No basta con saber dónde tienes ventaja: también tienes que saber cuándo estás operando fuera de ese ámbito. Si no tienes claro en qué lado de la línea te encuentras, o si ni siquiera eres consciente de que existe una línea divisoria, estás fuera de tus límites.

Ahora bien, el autoconocimiento no se circunscribe a las habilidades duras. También consiste en saber cuándo se es vulnerable a los condicionantes predeterminados, al tipo de situaciones en las que las circunstancias piensan por ti. Quizá tengas inclinación a ser demasiado emocional, a entristecerte, a enojarte o a tener pensamientos autodestructivos intrusivos. Quizá tengas mal genio cuando estás cansado o te conviertas en un ogro cuando tienes hambre. O tal vez seas extremadamente sensible a la presión social y a la amenaza del desprecio grupal.

Conocer tus fortalezas y debilidades, tus capacidades y tus límites es vital para contrarrestar tus condicionantes predeterminados. Si no conoces tus vulnerabilidades, tus condicionantes predeterminados las aprovecharán para asumir el control de las circunstancias.

Autocontrol

Dame a un hombre que no sea esclavo de sus pasiones
y lo colocaré en el centro de mi corazón,
¡ay!, en el corazón de mi corazón.

WILLIAM SHAKESPEARE,
Hamlet

El autocontrol es la capacidad de dominar tus miedos, tus deseos y otras emociones.

Las emociones son una parte ineludible de la vida humana. Los mamíferos como nosotros evolucionamos para reaccionar rápidamente a las amenazas y oportunidades ambientales inmediatas, con miedo frente a una amenaza, con alegría frente a la experiencia de establecer relaciones sociales o con tristeza tras una pérdida. No podemos suprimir estas reacciones fisiológicas ni las condiciones que las desencadenan. Lo único que podemos controlar es cómo reaccionamos a ellas.

Algunas personas son como corchos balanceándose en las olas de un mar emocional. Sus actos son esclavos de sus emociones: enojo, alegría, tristeza, miedo…, lo que sea que se desligue en el momento. En cambio, otras personas prefieren asir las riendas de su vida. Toman el timón, deciden adónde quieren ir y orientan el barco en esa dirección a pesar del oleaje. Siguen experimentando altibajos, como todo el mundo; sencillamente, no dejan que esas olas de emoción determinen el rumbo de su vida. En lugar de ello, giran el timón según sea necesario aplicando el discernimiento para mantener la orientación.

El autocontrol consiste en crear espacio para la razón en lugar de sucumbir a ciegas a los instintos. Consiste en ser capaz de ver y controlar tus emociones como si fueran objetos inanimados, cosas que no tienen el poder de determinar lo que haces si tú no se lo permites. Consiste en poner distancia entre tus emociones y tú y en darte cuenta de que tienes la capacidad de decidir cómo reaccionas a ellas. Puedes responder de manera irreflexiva o, en su lugar, pensar con claridad y decidir si vale la pena dejarte llevar por ellas.

La reacción emocional predeterminada intenta eliminar la distancia entre tú y tus emociones, detonando una reacción sin rastro de deliberación previa. Quiere alzarse con la victoria en el presente, aunque eso implique sabotear el futuro. El autocontrol te capacita para mantener tus emociones a raya.

Si alguna vez viste a un niño que hacía un berrinche, presenciaste lo que la reacción emocional predeterminada puede hacerle a alguien que no aprendió a tener autocontrol. Lo que más asusta es que a algunos adultos eludirla solo se les da un poco mejor que a un niño pequeño. Son personas que carecen de autocontrol y que normalmente se dejan llevar por sus emociones.

En gran medida, para tener éxito hay que desarrollar el autocontrol para hacer lo que sea necesario, al margen de si te gustaría hacerlo en ese momento o no. La intensidad emocional es mucho menos importante a largo plazo que una coherencia disciplinada. La inspiración y la emoción pueden ayudarte a ir jalando, pero la persistencia y la rutina son lo que te hacen avanzar hasta conseguir tus objetivos. Todo el mundo puede mantener la excitación unos minutos, pero cuanto más tiempo lleva completar un proyecto, menos gente sigue sintiéndose estimulada por este. Las personas con más éxito tienen el autocontrol necesario para seguir avanzando de todos modos. No siempre es estimulante, pero siguen estando presentes.

Seguridad en uno mismo

La seguridad en uno mismo consiste en confiar en tus capacidades y en el valor que tienes para los demás.

Se necesita tener seguridad en uno mismo para pensar de manera independiente y para mantener la firmeza frente a la presión social, el ego, la inercia o la emoción. Y también se necesita para entender que no todos los resultados son inmediatos y para centrarse en hacer lo que haga falta para acabar lográndolos.

Los niños desarrollan la seguridad en sí mismos cuando aprenden habilidades sencillas como subir un cierre, atarse las agujetas o andar en bicicleta. Al final, esa seguridad en sí mismos evoluciona y los impulsa a desarrollar habilidades más complejas de adultos, como programar un *software*, pintar murales o animar a un amigo abatido.

La seguridad en uno mismo ayuda a ser resiliente tras recibir un *feedback* negativo y sustenta la adaptabilidad frente a los cambios en las circunstancias. Sabes cuáles son tus capacidades y en qué sentido aportan valor, y también si otras personas las aprecian o no. Si conseguiste tener una seguridad en ti mismo saludable, te ayudará a superar todos los desafíos y las dificultades que se interpongan en tu camino.

Seguridad versus ego

La seguridad en ti mismo es lo que te capacita para ejecutar decisiones difíciles y desarrollar tu autoconocimiento. Mientras que el ego intenta evitar que identifiques las deficiencias que puedas tener, la seguridad en ti mismo te inculca la fuerza necesaria para reconocer dichas deficiencias. Y así es como aprendes a ser humilde.

La seguridad en uno mismo sin humildad suele ser equiparable a una confianza desmedida: es una debilidad, no una fortaleza. La gente segura de sí misma tiene la fuerza necesaria para admitir sus debilidades y vulnerabilidades, para reconocer que otras personas pueden ser mejores que ellas en algunos aspectos y para pedir ayuda cuando la necesitan.

Es humano dudar de si estarás a la altura de desempeñar una tarea. Incluso las personas más capaces albergan dudas sobre ello de vez en cuando. Pero quienes tienen seguridad en sí mismos nunca ceden a las emociones de desespero o inutilidad. Eso es otra trampa del ego. En lugar de ello, la gente segura de sí misma se centra en completar la tarea que le asignaron, aunque implique depender de la ayuda de otros para hacerlo. Cada tarea realizada con éxito apuntala la confianza en uno mismo, y así es como se gana en seguridad.

La seguridad en ti mismo también depende de cómo te hables

Mueren más sueños por falta de seguridad en uno mismo que por falta de competencias. Ahora bien, aunque la seguridad suele ser un producto sustentado en tus logros, también depende de cómo te dirijas a ti mismo.

Tu vocecilla interior puede susurrarte dudas, pero también debería recordarte los múltiples desafíos y adversidades que superaste en el pasado y el hecho de que hayas perseverado. Al margen de quién seas, le diste a esa vocecilla muchos momentos positivos de los que hablar. Aprendiste a caminar, pese a caerte miles de veces. Quizá reprobaste un examen la primera vez, pero luego supiste en qué te habías equivocado y la siguiente vez lo aprobaste. O tal vez te despidieron de un empleo, pero continuaste adelante y acabaste en un puesto mejor. Es posible que tu relación de pareja o tu empresa fracasaran o que tuvieras miedo la primera vez que te pusiste unos esquíes; pero, fuera lo que fuera, lo superaste, seguiste avanzando y saliste más fuerte de ello.

Es importante hablar contigo mismo acerca de las adversidades que afrontaste, porque de las adversidades pasadas obtienes la seguridad para afrontar las futuras.

El día en que llevé a mi hijo pequeño a hacer barranquismo nos enfrentamos a un serio dilema. Tras llegar a la cima y mirar la caída de siete metros y medio, se asustó y quería descender la barranca a pie. Pero no era posible, porque el descenso a pie era mucho más peligroso que el salto: un pequeño error y habría acabado en un lecho de rocas afiladas. Cuanto más miraba hacia abajo, más nervioso se ponía. Tenía que hacer algo para ayudarlo a salir de aquella situación.

Lo primero que hicimos fue concentrarnos en la respiración. Tu respiración es una herramienta potente que te ayuda a calmar la mente. Empezamos a inspirar y espirar con normalidad y luego, inmediatamente, a tomar respiraciones más cortas. Es el modo en que respiramos de manera natural cuando sollozamos y los resultados son igual de calmantes. Y solo cuando relajamos nuestros cuerpos físicos pudimos cambiar nuestro diálogo interior.

Le pregunté cómo se estaba hablando a sí mismo en aquel momento, y no era correcto. Se estaba autorregañando diciéndose que había sido un tonto por escalar aquella barranca, que debería haberlo previsto y que estaba muy asustado. Es así como solemos dirigirnos a nosotros mismos a veces, al menos en mi experiencia.

La segunda cosa que hicimos fue cambiar la conversación que estaba manteniendo dentro de su cabeza. Todos sabemos qué impacto tienen las palabras que decimos en las emociones de los demás, pero rara vez pensamos en el impacto que tiene en nosotros aquello que nos decimos a nosotros mismos. Le pedí que me listara algunas de las cosas que ya había hecho y que había tenido miedo de hacer. Apenas le había formulado la pregunta cuando empezó a hablarme del *snowboard* y de la vez en que «por error» acabamos en una pista diamante negro doble y de la primera vez en que hizo esquí acuático. La lista continuó extendiéndose. No eran pocas las situaciones en las que había estado que habían requerido valentía.

Cuando se dio cuenta de que había hecho cosas difíciles antes, volvió a concentrarse en su respiración. Y entonces saltó. Al cabo de unos instantes, salió del agua y vi su enorme sonrisa mientras trepaba para saltar por segunda vez.

La gente que está segura de sí misma no teme afrontar la realidad porque sabe que puede manejarla. A las personas seguras de sí mismas no les preocupa lo que los demás piensen de ellas, no temen destacar y están dispuestas a arriesgarse a quedar como idiotas mientras prueban algo nuevo. Las derrotaron y se reconstruyeron suficientes veces como para saber que pueden hacerlo otra vez si es necesario. Y un aspecto crucial: también saben que, para tener un mejor rendimiento que la multitud, a veces tienen que hacer las cosas de manera diferente, mientras que los críticos y los detractores tienden de manera inevitable a dejarse llevar. Aquellos seguros de sí mismos extraen el *feedback* de la realidad, no de la opinión popular.

La voz más importante a la que tienes que prestar atención es la que te recuerda todo lo que conseguiste en el pasado. Y aunque posiblemente no hayas hecho algo concreto antes, puedes arreglártelas para hacerlo.

Seguridad en uno mismo y honestidad

La seguridad en uno mismo también nos imprime fuerza para aceptar verdades incómodas. Todos tenemos que lidiar con el mundo tal cual es, no como nos gustaría que fuera. Cuanto antes dejes de negar las verdades inconvenientes y empieces a reaccionar a las realidades difíciles, mejor.

Todos estamos negando algo ahora mismo porque aceptarlo cuesta y queremos evitar el dolor. Quizá desempeñes un empleo sin porvenir o estés a punto de declararte insolvente, o quizá estés reteniendo una inversión, porque te cuesta admitir que no salió como esperabas. Pero cuanto antes aceptes la realidad, antes podrás abordar las consecuencias; cuanto antes lo hagas, más fáciles de gestionar te resultarán esas consecuencias. La mayor parte del tiempo, la necesidad de aguardar al momento oportuno para hacer algo duro no es más que un pretexto, una manera de racionalizar la posposición de algo que hay que hacer. No existe un momento perfecto.[1] Solo está el deseo de continuar esperando a que llegue uno.

Las personas seguras de sí mismas son sinceras acerca de sus propias motivaciones, acciones y resultados. Reconocen cuándo su vocecilla interior puede estar ignorando la realidad. También escuchan el *feedback* que les proporciona el mundo, en lugar de andar pescando la opinión de otros.

Internet nos permite encontrar con facilidad a personas que están de acuerdo con nosotros sean cuales sean nuestras creencias. ¿Que quieres negar el Holocausto? Hay un grupo que lo hace. ¿Que crees que las vacunas provocan autismo? Muchas otras personas también lo creen. Diablos, si aún existe una sociedad terraplanista cuyos integrantes están repartidos por todo el planeta.

Puedes rodearte de manera fácil y rápida de personas que comparten tus mismos delirios. Pero eso no los convierte en realidad. La realidad no es un concurso de popularidad. Rodearte de personas que te dicen que tienes razón no significa que la tengas. Y una vez que te zambulles en las cálidas aguas de la aceptación colectiva, cuesta salir de ellas. La convención social predeterminada ataca de nuevo.

El grupo del cual nos rodeamos nos alienta a creer que el problema no lo tenemos nosotros, sino el mundo. Pensamos que tenemos razón y que los demás se equivocan y negamos la realidad a expensas de la energía y el foco que necesitamos para adaptarnos y mejorar. Lo hacemos porque nos resulta más cómodo que aceptar la realidad, a pesar de que solo después de aceptarla podemos intentar cambiarla. En el fondo, continuamos preguntándonos por qué no estamos consiguiendo los objetivos que anhelamos. Nos preguntamos por qué otras personas obtienen mejores resultados que nosotros y qué hacen de manera distinta.

Un día estaba dando un paseo con el director ejecutivo de una gran empresa pública y empezamos a hablar de cómo contrataba a las personas para los cargos clave.

—Si pudieras elegir un rasgo que predijera cómo responderá una persona, ¿cuál sería? —le pregunté.

—Muy fácil —respondió—. Su predisposición a cambiar de opinión acerca de algo que cree saber.

Las personas más valiosas, continuó, no eran las que tenían las mejores ideas iniciales, sino las que tenían la capacidad de cambiar de opinión rápidamente. Ponían el foco en el resultado, no en el ego. En cambio, añadió, las personas con más probabilidades de fracasar eran las que se obsesionaban con los pequeños detalles que corroboraban su punto de vista.

—Están demasiado concentradas en demostrar que tienen razón, en lugar de en tener razón —sentenció.

Tal como mencioné previamente en el capítulo de la autorresponsabilidad, esto es lo que yo denomino «el lado equivocado de lo correcto». Ocurre cuando personas por lo demás inteligentes confunden el mejor resultado con el mejor resultado para ellas, a título personal.[2]

Para tener razón, tienes que estar dispuesto a cambiar de opinión. De lo contrario, vas a equivocarte mucho. Las personas que se encuentran con frecuencia en el lado equivocado de lo correcto son personas que no son capaces de ampliar o reducir la perspectiva y contemplar el problema desde múltiples ángulos. Se quedan ancladas en una perspectiva: la suya. Cuando no eres capaz de analizar un problema desde distintos puntos de vista, quedan puntos ciegos. Y los puntos ciegos comportan problemas.

Admitir que estás equivocado no es una señal de debilidad, es una señal de fortaleza. Admitir que alguien tiene una mejor explicación que tú demuestra que sabes adaptarte. Afrontar la realidad exige valentía. Y también se necesita valentía para revisar las ideas propias o para replantearse algo que uno creía saber. Hay que ser valiente para decirse a uno mismo que algo no funciona, y para aceptar un *feedback* que daña la imagen que tienes de ti mismo.

El desafío de afrontar la realidad es, en última instancia, el desafío de enfrentarnos a nosotros mismos. Debemos reconocer las cosas que no podemos controlar y centrar nuestros esfuerzos en gestionar las que sí. Afrontar la realidad exige reconocer nuestros errores y fallos, aprender de ellos y avanzar.

El lado equivocado de lo correcto

Una vez, en Nueva York, después de haber impartido una conferencia sobre cómo tomar decisiones eficaces, una mujer del público se me acercó a hacerme una pregunta. El evento había acabado tarde y me urgía llegar al aeropuerto. Se lo dije, pidiéndole disculpas. En respuesta, se ofreció a acercarme si podía indagar en mi mente durante el trayecto.*

Nada más entrar en el coche me empezó a hablar de un problema complicado con el que estaba batallando. Era una de las dos candidatas al cargo de directora ejecutiva de su empresa y tenía la sensación de que la situación con la que estaba lidiando podía ser definitiva para conseguir o no el puesto. Me explicó los detalles y me expuso la solución que había propuesto. Aunque daba la sensación de que su idea podía solucionar el problema, era complicada y muy arriesgada de ejecutar. Existía, no obstante, una solución alternativa más sencilla, con un menor costo y que comportaba menos riesgo. Era, objetivamente, una solución mejor. El único problema era que se le había ocurrido a su rival.

Mientras me explicaba más en detalle su planteamiento, invirtió mucho tiempo y esfuerzos en defenderse, intentando demostrar que su solución era la óptima. Pero lo único que logró fue dejar claro que sabía que su solución no era la mejor. Estaba en el lado equivocado de lo correcto. Sencillamente se negaba a admitirlo.

Muchas personas se sienten así: creen que no tienen valor si no tienen razón. Yo también lo pensaba antes. En lugar de

---

* Solo un canadiense confiado se metería en el coche de una completa desconocida en Nueva York.

dejarla que cayera en la cuenta de su error cuando le cayera una cubeta de agua fría, compartí con ella algunas de las difíciles y valiosas lecciones que había aprendido acerca de esa mentalidad y de estar en el lado equivocado de lo correcto.

Le expliqué que durante mucho tiempo yo también creí que, si la mejor idea no era mi idea, yo carecía de valor. Creía que nadie me consideraría valioso, que nadie apreciaría mi perspicacia y que no tenía nada que aportar. Había envuelto mi identidad en tener razón.

Pero cuando empecé a dirigir un negocio me di cuenta de cuán equivocado estaba. Cuando cargas con el peso de todo y el costo de equivocarse es alto, le dije, tiendes a centrarte en lo que es correcto en lugar de en quién tiene razón. Y cuanto menos me importaba tener razón, mejores resultados obtenía. No me importaba llevarme el crédito por ello: lo que me importaba era conseguir esos resultados.

—Si fueras la propietaria del cien por cien de esa empresa y no pudieras venderla durante cien años —le pregunté—, ¿qué solución preferirías?

Se produjo una larga pausa antes de que respondiera:

—Ya sé lo que tengo que hacer. Gracias.

Unos meses más tarde sonó mi teléfono. Era ella.*

—¡No vas a creer lo que pasó! —exclamó—. Conseguí el cargo de directora ejecutiva en parte gracias a tu ayuda. Fue un trago difícil de digerir, pero acabé apoyando la solución de mi rival y eso terminó inclinando la balanza a mi favor. Cuando la junta vio que era capaz de aplacar mi ego

---

* La habilidad de la gente para conseguir mi número de celular sigue desconcertándome.

y hacer lo mejor para la empresa, aunque ello supusiera apoyar a la persona que competía conmigo por el mismo puesto, decidieron que era la persona indicada.

La seguridad en uno mismo es la capacidad de centrarse en lo correcto en lugar de en quién tiene razón. Es la fuerza para afrontar la realidad. Es la fuerza para admitir los errores y la fuerza para cambiar de opinión. La seguridad en uno mismo es lo que se necesita para estar en el lado correcto de lo correcto.

Los resultados por delante del ego.

Virtudes en acción

La autorresponsabilidad, el autoconocimiento, el autocontrol y la seguridad en uno mismo son esenciales para ejercer un buen juicio. He aquí un par de ejemplos de cómo funcionan en combinación.

Ejemplo 1: ir en contra de la norma

La mayoría de las personas que trabajan para un organismo de tres letras acaban quedándose en él hasta el final de su carrera profesional. ¿Por qué no iban a hacerlo? Salarios fantásticos, incremento de la pensión en función de la inflación y una organización centrada en misiones llena de personas asombrosamente inteligentes y consagradas a su trabajo.

Cuando le dije a uno de mis compañeros que iba a dejar mi empleo, me miró sorprendido. Me habló de los riesgos, de que perdería mi pensión dorada y mis beneficios. Se centraba en lo que perdería, pero no en lo que ganaría: principalmente, tiempo libre.

Dejar este trabajo es una ilustración de la combinación de estas cuatro virtudes en acción. Tuve la seguridad en mí mismo para proyectar qué pasaría después sin necesidad de conocer todos los detalles, el autoconocimiento para saber que valoraba más el tiempo que el dinero, el autocontrol para levantarme al día siguiente sin perder fuelle y la autorresponsabilidad de fijarme un estándar de rendimiento más elevado del que había perseguido nunca.

Sin autoconocimiento, nunca habría sabido lo que me hacía feliz. Sin seguridad en mí mismo, nunca habría dejado el trabajo. Sin autorresponsabilidad y autocontrol, probablemente habría sabido en qué trabajar, pero habría llenado mis días con trabajo fácil, en lugar de con actividades que me hicieran progresar.

Ejemplo 2: resistirse a la convención social predeterminada

Supón que sabes por experiencia que eres susceptible a la presión social. Por ejemplo, en numerosas ocasiones comerciales insistentes te engatusaron para comprar cosas que no querías y compañeros también insistentes te convencieron para aceptar trabajos para los que no estabas preparado. No confías en ti mismo lo suficiente como para reaccionar mejor en el futuro aplicando solo tu fuerza de voluntad.

Para protegerte de la influencia de la convención social predeterminada, decides implementar una salvaguarda. Te impones una regla a ti mismo: no decir nunca sí a nada importante sin meditarlo durante todo un día.

Poner en práctica esta barrera no resulta agradable. Tener a alguien esperando un día puede antojarse incómodo en el momento, pero los resultados a largo plazo de erigirla valen la pena. Por sencillas que parezcan, poner reglas automáticas para situaciones habituales da resultados. Estudiaremos las reglas automáticas en el capítulo siguiente.

Poner en práctica este plan ilustra las cuatro virtudes que mencioné. Conocer tu vulnerabilidad a la presión social y los límites de tu capacidad de resistencia requiere autoconocimiento. Decidir hacer algo con esta vulnerabilidad para obtener mejores resultados implica seguridad en ti mismo. Acatar la regla que te impusiste comporta autorresponsabilidad. Y sobrellevar la incomodidad a corto plazo en momentos ordinarios para lograr beneficios a largo plazo es una muestra de autocontrol.*

Estas cuatro virtudes son necesarias para oponer resistencia a la convención social predeterminada. Una vez que logres combinarlas, te sorprenderá lo que eres capaz de conseguir. Ahora echemos un vistazo a cómo desarrollar estas virtudes.

---

* Las reglas crean rituales que tienen inercia y, en este sentido, esta regla utiliza precisamente en positivo el aspecto de la naturaleza humana que en otras ocasiones nos ocasiona problemas.

Determina estándares

Es inevitable que, si te relacionas con personas con
regularidad, [...] estas acaben agradándote. [...]
Si dejas un trozo de carbón apagado junto a uno
candente, o el encendido se apagará o el apagado
volverá a prender. [...] Recuerda que, si
confraternizas con alguien cubierto de suciedad,
difícilmente podrás evitar acabar tú también un
poco mugriento.

EPÍCTETO,
Discursos

El primer paso para desarrollar cualquiera de las cuatro virtudes es elevar los estándares personales, un tema práctico
consistente en echar un vistazo a tu alrededor, a las personas y las prácticas que impregnan tu entorno diario.

Nuestro ambiente influye en nosotros, tanto el entorno
físico como la gente que nos rodea. Hay pocas cosas más

importantes en la vida que eludir relacionarse con las personas equivocadas. Es tentador pensar que somos lo bastante fuertes para evitar adoptar lo peor de los demás, pero esto último es precisamente lo que suele ocurrir.

De manera inconsciente, nos volvemos como las personas que tenemos cerca. Si trabajas para un cretino, antes o después tú también te convertirás en un cretino. Si tus compañeros son egoístas, antes o después te volverás egoísta. Si te relacionas con alguien desagradable, antes o después te volverás desagradable. Poco a poco, adoptamos los pensamientos, los sentimientos, las actitudes y los estándares de aquellos que nos rodean. Los cambios son demasiado graduales para apreciarlos hasta que son demasiado grandes para abordarlos.

Acabar pareciéndote a las personas que te rodean comporta que, con el tiempo, terminas por adoptar sus estándares. Si lo único que ves es gente mediocre, acabarás teniendo unos estándares mediocres. Pero los estándares mediocres no te van a llevar a donde quieres ir. Los estándares se convierten en hábitos, y los hábitos, en resultados. Pocas personas se dan cuenta de que quienes obtienen unos resultados excepcionales son aquellos con unos estándares por encima del promedio.

Las personas con más éxito tienen los estándares más elevados, no solo para los demás, sino también para sí mismas. Por ejemplo, una vez me destinaron a un lugar remoto a trabajar y recuerdo ponerme en pie en una reunión para explicar cómo funcionaba un aspecto de una operación. Al cabo de unos momentos, otro asistente, reconocido ampliamente como el mayor experto en aquella especialidad, me interrumpió y me pidió que dejara de hablar hasta que supiera lo que estaba diciendo. Luego él se puso en pie y lo explicó con más detalle de lo que yo habría creído posible. Tras la reunión me dirigí a su oficina y hablé con él. Me indicó que desconocía cuál era la costumbre en mi lugar de origen, pero que el estándar allí era que no se hablaba a menos que se supiera de lo que se estaba hablando.

Los campeones no crean los estándares de la excelencia. Los estándares de la excelencia crean campeones.*

Todas las personas con máximo rendimiento tienen unos estándares elevados. Cuando ves a cualquier deportista o equipo con un rendimiento que supera lo que puede explicarse aludiendo a la suerte o al talento, encuentras un compromiso con unos estándares elevados. El equipo de futbol americano New England Patriots y su entrenador, Bill Belichick, ganaron más partidos en un periodo de veinte años que ningún otro equipo de la NFL. Y no solo eso, sino que lo hicieron con un tope salarial designado para establecer condiciones de igualdad y hacer imposibles dinastías como la suya. Cuando el famoso defensa lateral Darrelle Revis, el mejor en su posición, llegó unos minutos tarde a un entrenamiento un día, el entrenador Belichick lo envió de vuelta a casa.[1] Belichick no armó ningún escándalo al respecto, pero se mantuvo firme. Revis no recibiría un trato distinto del resto de los jugadores. Al entrenador le daba igual que los jugadores estrella tuvieran privilegios en otros equipos. Revis jugaba

---

* Esta frase se inspira en la cita de Bill Walsh: «Los campeones se comportan como campeones antes de ser campeones. Tienen un estándar de rendimiento ganador antes de alcanzar la victoria».

para el New England Patriots y tenía que regirse por los estándares del equipo.

Los mejores profesores son los que más esperan de sus alumnos y de sí mismos. Y, a menudo, los alumnos mejoran para cumplir sus expectativas. Los mejores líderes esperan más de las personas y les exigen los mismos estándares que se imponen a sí mismos, unos estándares más elevados de lo que muchos son capaces de concebir.

Gente inteligente con estándares bajos

En el caso de un líder, la diferencia entre unos resultados mediocres y unos resultados excepcionales acaba reduciéndose a si está obteniendo de manera coherente el máximo de sus empleados inteligentes pero holgazanes. En una ocasión, trabajé con una persona así. Me habían ascendido hacía poco y el empleado en cuestión me envió un borrador solicitándome «opinión y orientación». El borrador era espantoso y estaba lleno de fallos evidentes. Podía hacerlo mucho mejor. Yo lo sabía. Y él también.

Si trabajas en una gran empresa, estoy seguro de que te habrá ocurrido algo similar en alguna ocasión. Alguien prepara un borrador mediocre lleno de reflexiones pobres, lo envía a diferentes personas y espera a que se lo corrijan. Esta táctica aprovecha uno de los defectos humanos universales: nos encanta corregir a los demás. Si alguien hace algo mal, nos cuesta no decirle cómo hacerlo bien. De manera que tú haces el esfuerzo y ellos se llevan la gloria por una fracción del tiempo que les habría llevado hacerlo a ellos. Inteligentes. Pero holgazanes.

No quería pasarme el resto de la tarde (ni de mi carrera) corrigiendo el trabajo de aquel tipo. Necesitaba dar con la manera de cambiar su comportamiento. Pero ¿cómo?

Recordé una anécdota que había leído sobre Henry Kissinger. Un miembro de su personal había redactado el borrador de un comunicado y se lo había dejado sobre la mesa para que lo leyera. Poco después, Kissinger se le acercó y le preguntó si era lo mejor que sabía hacer. El empleado le dijo que no y reescribió íntegramente el comunicado. Al día siguiente volvió a encontrarse con Kissinger y le preguntó qué opinaba. Kissinger le preguntó de nuevo si era lo mejor que sabía hacer. El empleado volvió a trabajar en el comunicado y lo reescribió una vez más. La mañana siguiente se produjo la misma situación, con la salvedad de que aquella vez el empleado respondió que sí era lo mejor que sabía hacer. Entonces Kissinger respondió: «De acuerdo, entonces ahora lo leo».

Decidí adoptar la estrategia de Kissinger. Me limité a responder a su correo electrónico: «¿Esto es lo mejor que sabes hacer?».

El tipo respondió que no, me pidió unos cuantos días más para aclararse las ideas y regresó con una versión que consideraba mucho mejor. Sin abrir el documento, le disparé de nuevo la misma pregunta.

—Sí —respondió—. Es lo mejor que sé hacer.

Leí esa versión y era excelente. Ahora que sabía de lo que era capaz y él sabía que yo lo sabía, le dije que esperaba ese mismo nivel de él siempre. El estándar había quedado claro. Y nunca me decepcionó.

Por qué tenemos estándares bajos

La mayor parte del tiempo hacemos un trabajo por debajo de los estándares por falta de motivación. Nos decimos que así ya está bien o que es lo mejor que podemos hacer teniendo en cuenta las limitaciones de tiempo. Pero la verdad es que, al menos en este aspecto concreto, no estamos comprometidos con la excelencia.

Y cuando aceptamos un trabajo de mala calidad hecho por otros, el motivo es el mismo: no estamos implicados al cien por cien. Cuando se persigue la excelencia, no permites que nadie de tu equipo haga un trabajo mediocre. Eres tú quien pone el listón, y lo pones alto, y esperas que todo el mundo que trabaja para ti se esfuerce tanto como tú y esté a la altura de tus expectativas, o incluso por encima. Cualquier cosa por debajo de eso es inaceptable.

Cuando Zhang Ruimin asumió el cargo de director ejecutivo de la fábrica de refrigeradores Qingdao, precursora de la empresa de electrodomésticos Haier, la empresa estaba a punto de caer en la quiebra. Para enviar una señal clara a sus nuevos empleados, Ruimin los reunió fuera de las instalaciones y los hizo contemplar cómo se hacían añicos setenta y seis refrigeradores de mala calidad con un mazo. Ruimin colocó un mazo en una vitrina en la sala de juntas a modo de recordatorio de su cargo, como símbolo del elevado estándar que esperaba de la empresa.[2]

La excelencia exige excelencia

Los maestros de su oficio no quieren limitarse a marcar una casilla y pasar a la siguiente. Están consagrados a lo que hacen, y lo hacen con tesón. Hacer un trabajo de nivel maestro requiere unos estándares rayanos en la locura; son los maestros quienes nos demuestran cuáles deberían ser esos estándares. Un comunicador maestro no aceptaría un mensaje de correo electrónico farragoso e incoherente. Y un programador maestro no aceptaría un código feo. Y ninguno de ellos daría por comprensibles explicaciones vagas.

Nunca seremos excepcionales en nada a menos que elevemos nuestros estándares, tanto los que nos imponemos a nosotros mismos como los estándares de lo posible. A muchos, eso nos suena a un gran esfuerzo. Gravitamos hacia ser blandos y complacientes. Preferimos esforzarnos poco. Pero ten presente esto: si haces lo que todo el mundo, debes esperar obtener los mismos resultados que todo el mundo. Si aspiras a obtener resultados distintos, debes subir el listón.

Trabajar al lado de un maestro es la mejor educación, el modo más seguro de elevar tus estándares. Su excelencia te exige excelencia. No obstante, la mayoría de nosotros no tenemos esa suerte. Aun así, no todo está perdido. Aunque no tengas la oportunidad de trabajar directamente con un maestro, puedes rodearte de personas que tengan unos estándares más elevados leyendo sobre ellas y su trabajo.

Modelos y práctica

Dos aspectos permiten desarrollar virtudes elevando el listón:

(a) Elegir los modelos idóneos, es decir, los que eleven tus estándares. Los modelos pueden ser personas con quienes trabajas, personas a quienes admiras o incluso personas que vivieron hace tiempo. No importa. Lo que importa es que te hacen mejor en alguna faceta, sea una habilidad, un rasgo o un valor.

(b) Practicar imitándolos en distintos aspectos. Crea espacio en el momento para reflexionar sobre qué harían ellos en tu situación y actúa en consecuencia.

Analicemos estos elementos por separado.

En el apartado anterior abordamos algo que la mayoría de las personas no se plantean nunca: si no escoges a las personas que forman parte de tu vida, las personas que acaben rodeándote estarán ahí por casualidad y no por elección. Ese grupo incluye a tus padres, tus amigos, tu familia y tus compañeros. Por supuesto, tus amigos de la escuela pueden ser grandes ejemplos de carácter y sagacidad, pero lo más común es que sean como el promedio. Y tus padres pueden contarse entre los empresarios más inteligentes del mundo, pero es más probable que no sea así. No quiero decir con ello que tengas que eliminar a estas personas de tu vida: controlar tu entorno simplemente significa incorporar a la mezcla de manera proactiva a personas que te sirvan de modelos.

Tus modelos

Muéstrame tus referentes y te mostraré tu futuro.

Cuando empecé a trabajar en la agencia de inteligencia de tres letras, admiraba a mi compañero Matt. Era uno de los mejores del mundo en entender cómo funcionan los sistemas operativos y las distintas maneras en que se les puede sacar provecho. Lo que más me sorprendió de Matt eran sus estándares asombrosamente altos. Como Michael Jordan, Matt combinaba el talento natural con una ética laboral de primera categoría. Y exigía perfección. (¿Cabe alguna duda de por qué era uno de los mejores del mundo?).

Cerca de Matt no podías decir nada a menos que supieras de lo que hablabas, porque, si lo hacías, te corregía. Elevó el listón de todo el equipo. No solo trabajaba más duro que nadie más, sino que daba continuamente con soluciones elegantes a problemas complicados. Matt era un modelo: alguien con una manera de ser ejemplar. Alguien que te mostraba lo que era posible.

Tuve suerte. El destino podía haber hecho que aterrizara junto a un jefe mediocre. Y, en lugar de ello, me dio a Matt. Pero no tienes que confiar en el destino. Tienes la posibilidad de elegir a las personas cuyo comportamiento quieres imitar, tus modelos, en lugar de limitarte a esperar para trabajar con una de ellas.

Cuando eliges los modelos adecuados, personas con estándares más elevados que los tuyos, puedes trascender aquellos que heredaste de tus padres, amigos y conocidos. Tus modelos te muestran cuáles deberían ser tus estándares. Como me dijo una vez Peter Kaufman: «La técnica más responsable de mi éxito en la vida fue estudiar y adoptar los buenos modelos de otras personas».

Esta sabiduría no es nueva. En sus cartas a Lucilio, Séneca lo insta a elegir el modelo o referente correcto para que le proporcione el estándar que aplicar en la vida:

El alma debe tener alguien a quien venerar, cuyo ascendiente haga aún más sagrada su intimidad. ¡Bienaventurado aquel de quien no solo la presencia, sino hasta el recuerdo nos mejora! ¡Bienaventurado aquel que puede venerar a alguien de tal suerte que se configure y ordene solo con recordarlo! Quien así puede venerar a alguien presto será digno de veneración. […] Elige a aquel de quien te agradó la conducta, las palabras y su mismo semblante, espejo del alma; tenlo siempre presente o como protector, o como dechado. Precisamos de alguien, lo repito, al que ajustar como modelo nuestra propia forma de ser: si no es conforme a un patrón, no corregirás los defectos.[1]

117

Las personas que escogemos como nuestros modelos exhiben principios, determinación y patrones generales de pensamiento, sentimiento y comportamiento que aspiramos a hacer nuestros. Su ejemplo nos ayuda a desenvolvernos en el mundo. Se convierten en nuestra estrella polar.

La mayoría de las personas no querían adoptar los estándares de Matt porque eran muy exigentes. Sin embargo, si estabas dispuesto a volcarte en el trabajo, Matt era un atajo a la excelencia escondido a plena vista. Las personas en el extremo derecho de la campana de Gauss (los valores atípicos positivos) pueden darte consejos, enseñarte trucos y ofrecerte conocimientos que de otro modo podría llevarte toda la vida aprender. Hicieron el trabajo duro. Ya pagaron por las lecciones, para que tú no tengas que hacerlo. Aprender de Matt e intentar estar a la altura de sus estándares me ayudó a ser competente mucho antes de lo que lo habría conseguido de otro modo.

Echa un vistazo a tu alrededor, busca los mejores ejemplos que puedas en personas cuyos atributos te gustaría cultivar, personas cuyo comportamiento predeterminado es tu comportamiento deseado, personas que te inspiran a subir el listón y te hacen querer ser una mejor versión de ti mismo.

Tus modelos no tienen por qué estar vivos. Pueden estar muertos o incluso ser seres de ficción. Podemos aprender de Atticus Finch y Warren Buffett, de Genghis Khan y de Batman. Tú decides.

Tu junta de dirección personal

Coloca a todos tus modelos en tu «junta de dirección personal», un concepto acuñado por el autor Jim Collins:

> A principios de la década de 1980, designé a Bill [Lazier] presidente honorario de mi junta de dirección personal. Cuando elegía a los miembros [...], no lo hacía por su éxito. Los escogía por sus valores y su personalidad. [...] Son el tipo de personas a quienes no me gustaría defraudar.[2]

Los modelos de tu junta de dirección personal pueden ser una mezcla de personas con una gran reputación por sus logros y personas con una conducta ejemplar. El único requisito es que tengan una actitud, una competencia o una disposición que quieras cultivar. No tienen que ser perfectas. Todas las personas tienen defectos, y las que integren tu junta de dirección personal no serán una excepción. Pero todo el mundo es mejor que nosotros en algo. Nuestro trabajo es determinar qué es ese algo y aprender de eso a la par que ignoramos el resto de los aspectos.

Uno de los mayores errores que veo cometer a las personas es no querer aprender de alguien con un defecto de carácter o una visión del mundo distinta de la suya. Séneca plasmó el comportamiento adecuado en *De la tranquilidad del ánimo*: «Nunca me avergonzará una cita buena de un mal autor». O, en palabras de Catón, el Censor: «Evita menospreciar con soberbia la experiencia ajena».[3] No tires la manzana porque tenga una mancha en la piel.

Tu junta de dirección personal no es estática. Sus integrantes vienen y van. Debes seguir perfilándola siempre. Volviendo a *El padrino*, a veces te interesa tener un *consigliere* para tiempos de paz y a veces uno para tiempos de guerra. En ocasiones aprendiste todo lo que podías de alguien y te interesa remplazar a esa persona por otra. Normalmente, una persona tiende a conducirte a la siguiente.

Los maestros tienen un estándar diferente, con frecuencia uno de elegancia y belleza. Cuando sientas a maestros en tu junta de dirección personal, elevas el listón para contigo mismo. Lo que parecía suficiente antes deja de parecerlo.

Uno de mis modelos es Charlie Munger, el socio empresarial multimillonario de Warren Buffett. Elevó mi estándar en cuestión de defender una opinión. Una noche, durante una cena, comentó: «Nunca me permito tener una opinión sobre nada a menos que conozca el argumento de la otra parte mejor que ellos».

¡Qué manera de elevar el listón! Muchas personas tienen opiniones, pero muy pocas hicieron el trabajo necesario para sustentarlas. Hacer este trabajo implica que puedes defender la opción contraria a la tuya mejor que tus verdaderos oponentes. Te obliga a cuestionar tus creencias porque tienes que justificar ambas partes. Solo cuando haces ese esfuerzo entiendes de verdad un argumento. Entiendes los motivos a favor y en contra de este. Y mediante ese esfuerzo te dotas de la seguridad necesaria para respaldar una opción.[4]

No hay mejor manera de aprender que trabajar directamente con tus héroes. El beneficio de trabajar con alguien en persona es que posibilita un toma y daca natural, una relación que tiene más de *coaching* que de limitarte a imitar un modelo. Además, una relación personal te permite pedir ayuda cuando la necesitas. Sin embargo, no siempre es posible trabajar con alguien a quien admiras. Pero eso no significa que tengas que aceptar sin más el círculo que te rodea.

El teléfono que tienes en el bolsillo te da acceso, literalmente, a las personas más inteligentes que existieron jamás, vivas y muertas. Aunque no tengas contacto directo con ellas, a menudo puedes escucharlas hablar con sus propias palabras... ¡y sin filtros! Piénsalo un segundo. Por primera vez en la historia tienes la oportunidad de escuchar a tus modelos explicar cosas a su manera, sin intermediarios.*

Si tu héroe es Tobi Lütke, el creador de Shopify, una de las empresas más exitosas de la historia mundial, puedes encontrar incontables entrevistas con él en internet. Ahora puedes sentarte a los pies del maestro y aprender oyéndolo explicar cómo piensa, cómo toma decisiones y cómo dirige su empresa. Y lo mismo ocurre en el caso de Peter D. Kaufman, Warren Buffett, Jeff Bezos, Tom Brady, Simone Biles, Serena Williams o Katie Ledecky.

También puedes elegir entre los grandes nombres de la historia: Richard Feynman, George Washington, Charles de Gaulle, Winston Churchill, Coco Chanel, Charlie Munger, Marie Curie o Marco Aurelio, por ejemplo. Todos ellos

---

* En la actualidad, incluso los libros están filtrados por los editores. Supongo que es posible argumentar que en el pasado alguien podía publicar un libro directamente, sin filtros, pero creo que la idea queda bastante clara.

están dispuestos a aceptar tu invitación a tu junta de dirección personal. Lo único que necesitas hacer es recopilar a los mejores y reunirlos en tu mente. Tal como dijo Montaigne: «Hice una guirnalda con las flores de otros hombres, nada es mío, excepto la cinta que las une».[5]

Si cuentas con una junta de dirección personal, nunca estarás solo. Siempre están ahí. Puedes imaginártelos observándote mientras tomas decisiones y haces movimientos de poder. Y una vez que tengas la sensación de que te observan, tu comportamiento se adecuará a este nuevo público. Te ayudarán a establecer unos estándares que te esforzarás por alcanzar, y te dotarás de una vara por la cual medirte. No estar a la altura no significa fracasar; no pasa nada por no escribir un libro que se convierta en superventas, ni tampoco por no convertirse en multimillonario o no hacer ejercicio físico cada día. No compites con tus modelos. La única persona con quien compites es con tu yo de ayer. La victoria consiste en ser un poco mejor hoy.

Tu archivo de buena conducta

Elegir a los modelos correctos ayuda a crearse un archivo de «buena conducta». Mientras lees lo que escribieron otras personas, hablas con ellas, aprendes de sus experiencias y aprendes también de tus propias vivencias, vas construyendo una base de datos de situaciones y reacciones. Crear esta base de datos es una de las cosas más importantes que harás en toda tu vida, porque te ayuda a concederte espacio para reflexionar. En lugar de limitarte a reaccionar e imitar a quienes te rodean, pensarás: «Esto es lo que hacen los casos atípicos».

Cuando afrontes una nueva situación, dispondrás de un catálogo de las reacciones que personas situadas en el extremo derecho de la campana de Gauss tuvieron ante situaciones similares. Tu reacción de partida pasará de ser buena a fantástica, porque pasará de ser una reacción intuitiva a ser una reacción razonada.

Tu junta puede encauzarte en la dirección correcta a pesar de tus instintos.

Si poblamos nuestra junta directiva de personas con un carácter excepcional, acabaremos aspirando a ser la mejor versión de nosotros mismos. Tendremos la seguridad para adoptar una posición moral y para actuar solos cuando la marea social avance en la dirección incorrecta. No nos veremos impelidos a seguir de manera pasiva sus vaivenes. Nuestra junta personal nos da aliento y conocimientos para nadar en la dirección correcta.

Un último apunte sobre los modelos: de la misma manera que otras personas forman parte de tu junta de dirección personal, tú formas parte de la de otras personas. Denzel Washington así nos lo recuerda: «Nunca sabes a quién le llegas. Nunca sabes cómo ni cuándo dejarás huella, ni lo importante que tu ejemplo puede ser para otra persona».[6]

Quizá sea al nuevo empleado que se incorporó a la empresa. O a tus hijos. Tal vez sea a tu primo. No importa. Lo que importa es que hay alguien ahí fuera que te observa y utiliza tu comportamiento como su estrella polar. Todo lo que haces tiene el poder de cambiar a mejor la vida de otra persona. Como dijo Séneca: «¡Bienaventurado aquel de quien no solo la presencia, sino hasta el recuerdo nos mejora!».[7]

Práctica, práctica, práctica

Las virtudes las obtenemos usándolas primero. Pues aquello
que tenemos que aprender antes de hacerlo lo aprendemos
haciéndolo, como los constructores, construyendo; los
músicos, haciendo música; del mismo modo, llegamos a ser
justos realizando actos de justicia; templados, realizando actos
de templanza, y valientes, realizando actos de valentía.

ARISTÓTELES,
Ética nicomáquea, libro segundo, capítulo 1

No basta con seleccionar modelos y dotarse de una junta de
dirección personal. También tienes que seguir su ejemplo,
y no un par de veces, sino de manera reiterada. Solo así
interiorizarás los estándares que encarnan y te convertirás
en la persona que aspiras a ser.

Imitar a tus modelos implica crear espacio en el momento para ejercitar la razón y evaluar tus pensamientos, sentimientos y posibles líneas de actuación. De este modo ree-
ducas viejos patrones de comportamiento de manera que
estén más en consonancia con los patrones de tus modelos.

Una estrategia a fin de crear espacio mental para la reflexión es preguntarte qué harían tus modelos en tu lugar. Es
el paso siguiente natural. Una vez que los imagines observándote, tomarás decisiones y las pondrás en práctica. Si, por
ejemplo, estás sopesando hacer una inversión, pregúntate:
«¿Qué haría Warren Buffett?». En la misma línea, pregúntate: «¿Cómo podría exponerle esta idea a mi junta de dirección
personal? ¿Qué factores considerarían importantes? ¿Qué
factores tacharían de irrelevantes?».

Si imaginas a tus modelos observándote, tenderás a hacer las cosas que sabes que querrían que hicieras y evitarás las que sabes que obstaculizarán tus progresos.

Es importante realizar este ejercicio mental a menudo. Conviene que lo practiques hasta adquirir un nuevo patrón de pensamiento, sentimiento y comportamiento. Sigue practicándolo hasta que dicho patrón se convierta en algo natural: en un elemento de quién eres, en lugar de en quién quieres ser.

Una estrategia para desarrollar todas estas virtudes consiste en practicar en un entorno aislado. Como habrás supuesto, me refiero a un entorno aislado metafórico: una situación en la que los errores que puedas cometer sean relativamente inconsecuentes y fáciles de revertir. Este entorno aislado te permite cometer fallos y aprender de ellos al tiempo que contienes el costo. Practicar en un entorno aislado aumenta la probabilidad de tener éxito cuando las apuestas sean más altas y los resultados tengan mayor repercusión y sean menos reversibles.

Un motivo por el que se empieza dirigiendo a una sola persona o a un equipo reducido, en lugar de a toda una empresa, es que tus errores están contenidos. Empezar por un puesto de dirección a pequeña escala es un ejemplo de entorno aislado. Cuando diriges toda una empresa, los errores tienen un mayor costo y son más difíciles de contener que cuando solo diriges un equipo.

No hay sustituto que equivalga a practicar en un contexto real, pero hacerlo en un entorno aislado puede eliminar el lado negativo de los errores que inevitablemente cometerás mientras practiques. En la agencia de inteligencia, siempre ensayábamos las operaciones en un entorno en el que fuera seguro equivocarse. Tratábamos las prácticas como si fueran las operaciones reales; hacíamos todo lo que teníamos previsto hacer durante la operación e intentábamos predecir y responder a todas las cosas que era concebible que ocurrieran. Si algo no salía según lo previsto, nos adaptábamos. Y a veces fallábamos. Pero fallar en ese entorno aislado proporcionaba una oportunidad de aprendizaje con pocas consecuencias en el mundo real, mientras que fracasar en una operación real podía costar vidas humanas.

PARTE III

GESTIONAR LA DEBILIDAD

La vida se vuelve más fácil cuando no culpas a otras personas y te concentras en lo que puedes controlar.

JAMES CLEAR

En parte, asir las riendas de tu vida consiste en controlar las cosas controlables. Otra parte consiste en gestionar las que escapan a tu control: tus vulnerabilidades o debilidades.

Piensa de nuevo en la analogía informática que utilizamos antes. Tienes la capacidad de alterar tu programación, al menos en cierta medida. En algunos casos puedes reescribir tus algoritmos existentes y reprogramar cómo reaccionas, pongamos por caso, a la emoción, a la presión social o a las amenazas a tu ego. Reprogramar estos algoritmos es una manera fantástica de fortalecerte.

Ahora bien, en ocasiones hay algoritmos dañinos que no pueden reprogramarse. No puedes cambiar tus instintos biológicos, las tendencias innatas que se resisten a cualquier intento de modificación. Pero que no puedas cambiarlas no significa que no puedas manejarlas. Y para hacerlo basta con que programes nuevas subrutinas en tu vida que te ayuden a mitigar o contener los efectos nocivos. Incorporar esas subrutinas es una manera de gestionar la debilidad.

●

Conoce tus debilidades

Todos tenemos debilidades, muchas de las cuales forman parte de nuestra biología. Por ejemplo, somos vulnerables al hambre, a la sed, al cansancio, a la privación de sueño, a las emociones, a las distracciones o al estrés. Todas estas situaciones pueden hacernos reaccionar en lugar de pensar con claridad y nos ciegan en los momentos decisivos de nuestras vidas.

Además, cada uno de nosotros tiene una perspectiva limitada de las cosas: no podemos verlo y saberlo todo. Asimismo, tenemos tendencias innatas a formarnos juicios y opiniones incluso en la ausencia de conocimiento. Vimos que nuestros instintos para la autoconservación, la pertenencia al grupo, la jerarquía y la territorialidad pueden desencadenar juicios negativos perjudiciales tanto para nosotros como para quienes nos rodean.

Algunas de nuestras debilidades no están incorporadas a nuestra biología, sino que las adquirimos a través del hábito, y permanecen con nosotros por inercia.

Es fácil adoptar malos hábitos cuando existe un retraso entre la acción y la consecuencia. Si te comes una barrita de chocolate o te saltas tu rutina de ejercicio físico hoy, no pasarás de estar sano a enfermo de golpe. Y trabajar hasta altas horas y saltarte la cena con tu familia un par de noches no deteriorará tu relación. Si te pasas hoy el día en las redes sociales en lugar de trabajar, no te despedirán. Sin embargo, estas elecciones pueden acabar convirtiéndose en hábitos mediante la repetición y degenerar en un desastre.

La fórmula para el fracaso consiste en repetir de manera constante varios pequeños errores. Solo porque los resultados no se noten al instante no significa que no tengan consecuencias. Eres lo bastante listo para conocer las potenciales secuelas; lo único que puede ocurrir es que no detectes cuándo se van a producir. Mientras que las buenas decisiones repetidas convierten el tiempo en tu aliado, las malas lo convierten en tu enemigo.*

Ejemplos de debilidades intrínsecas	Ejemplos de debilidades adquiridas
Hambre	Actuar por impulso emocional
Sed	Hacer menos de lo que se es capaz
Cansancio	Negarse a emprender algo por miedo
Privación del sueño	Ver únicamente el propio punto de vista
Emoción	Avanzar aprovechando solo tu talento, sin trabajo duro
Distracción	
Estrés	
Perspectiva limitada	
Sesgos cognitivos	

---

* Jim Rohn dijo: «Una definición de fracaso es cometer unos pocos errores de juicio de manera repetida cada día». Y un resumen del excelente libro de James Clear *Hábitos atómicos* es que los buenos hábitos convierten el tiempo en tu aliado, y los malos, en tu enemigo.

Sean cuales sean nuestras debilidades y al margen de su origen, los condicionantes predeterminados tomarán hábilmente el control de nuestras vidas si no las gestionamos. Y lo que es aún más grave, normalmente no nos damos cuenta cuando lo hacen.

Las dos maneras de gestionar la debilidad

Existen dos maneras de gestionar la debilidad. La primera consiste en mejorar tus virtudes, que te ayudarán a superar las debilidades que hayas adquirido. La segunda radica en erigir salvaguardas, defensas que te ayudarán a gestionar las debilidades que te cueste superar solo con la virtud. Además, esas salvaguardas nos ayudan a manejar debilidades que son imposibles de superar, como las que responden a nuestras limitaciones biológicas.

Cómo gestionar las debilidades intrínsecas	Cómo gestionar las debilidades adquiridas
Salvaguardas	Virtud + salvaguardas

Vimos en la segunda parte que con las cuatro virtudes que explicamos podemos superar las debilidades que adquirimos. Por ejemplo, desarrollar el autocontrol te capacita para sobreponerte a las reacciones emocionales y evitar arrepentirte después. Desarrollar la seguridad en ti mismo te ayuda a romper la inercia y poner en práctica decisiones difíciles. Y también te capacita para superar la presión social y tomar ímpetu para ir contracorriente. Además, te ayuda a desoír a tu ego, a reconocer tus carencias y a internarte por una senda que te reconduzca y te haga ser mejor.

Puntos ciegos

Algunas de nuestras debilidades son limitaciones en nuestro conocimiento, nuestros «puntos ciegos». Todos estamos familiarizados con los puntos ciegos perceptivos, nuestra incapacidad de ver con precisión más allá de una determinada distancia y en entornos en penumbra. También tenemos puntos sordos; no escuchamos sonidos por debajo de un cierto volumen o por encima de una determinada frecuencia.

Y lo que se aplica a la percepción también se aplica a la cognición, es decir, a nuestra capacidad de pensar y juzgar. Las habilidades cognitivas que heredamos por selección natural no estaban diseñadas para lograr la máxima precisión, sino para aumentar nuestras posibilidades de supervivencia y reproducción. De hecho, algunas de esas capacidades no buscaban en absoluto la precisión. Existen para espolearnos a evitar amenazas graves a nuestra supervivencia y a nuestro potencial reproductivo.

Piensa en cómo se sobresalta un conejo aunque no supongas una amenaza real para él. Los conejos presentan esta tendencia conductual porque, desde una perspectiva evolutiva, saben que es mejor prevenir que curar. El costo en términos de supervivencia de un falso negativo es mayor que el costo de un falso positivo. Muchos de nuestros sesgos cognitivos funcionan del mismo modo. Se diseñaron originalmente para inclinarnos hacia comportamientos que primaban la supervivencia y la reproducción y para alejarnos de conductas que podían ponerlas en peligro.

A título de ejemplo, tanto formar parte de un grupo como actuar rápidamente con base en información limitada tenía un valor para la supervivencia de nuestros ancestros prehistóricos. Pero ambas tendencias pueden detonar errores de juicio y generarnos puntos ciegos adicionales.

Conocer tus puntos ciegos no basta

No basta con conocer tus sesgos y otros puntos ciegos. Debes tomar medidas para gestionarlos. En caso contrario, tus condicionantes predeterminados se harán con el control.

Algunos puntos ciegos responden a nuestra perspectiva. Ninguno de nosotros podemos saberlo todo acerca de una situación, contemplarla desde todos los ángulos. Piensa en los jugadores de póquer. Si un jugador tuviera toda la información acerca de quién tiene qué cartas, no incurriría en errores. Pero resulta que los jugadores solo pueden ver su propia mano y las cartas que se ponen boca arriba. Y al no poder ver los naipes de los demás, cometen errores.

Aunque solo podemos adivinar por qué la gente hace lo que hace en el póquer y en cualquier otra situación, nuestro mayor punto ciego suele ser conocer nuestras propias debilidades. Hay una cita famosa de Richard Feynman que dice: «El primer principio es que no debes engañarte a ti mismo, ya que, de hecho, eres la persona más fácil de engañar».[1]

Nos cuesta ver nuestras propias debilidades por tres motivos principales.

El primero es que esos defectos nos pueden resultar difíciles de detectar porque forman parte del modo en que estamos acostumbrados a pensar, sentir o comportarnos. El comportamiento defectuoso quedó engranado en nosotros a través de un largo proceso de formación de hábitos. Esos defectos forman parte de quienes somos, aunque no estén en sintonía con quiénes anhelamos ser.

El segundo es que ver nuestros propios defectos nos daña el ego, sobre todo cuando son comportamientos que tenemos muy interiorizados. Son distintos de carencias como no tener una habilidad técnica, porque los interpretamos como un referéndum sobre la clase de persona que creemos ser. Somos territoriales acerca de la imagen que tenemos de nosotros mismos y tendemos a descartar la información que la cuestiona.

El tercero es que tenemos una perspectiva limitada. Cuesta mucho entender un sistema del que formamos parte. De la misma manera que miras a tu yo de dieciséis años y te preguntas en qué estarías pensando, tu yo futuro volverá la vista atrás para contemplar a tu yo actual y pensará lo mismo. Tu yo presente no conoce la perspectiva de tu yo futuro.

La perspectiva y la naturaleza humana hacen que nos cueste apreciar nuestros propios defectos, mientras que, sin embargo, nos resulta fácil ver los de los demás. Nos conocemos al dedillo las debilidades de nuestros compañeros y amigos, y también sus puntos fuertes. En cambio, cuesta aceptar que los demás puedan vernos con esa misma claridad. Cuando el mundo nos devuelve la imagen de nuestros puntos débiles, tenemos la inusitada oportunidad de mejorar y acercarnos al tipo de persona que realmente queremos ser. ¡Aprovéchala con inteligencia!

Puntos ciegos del portaviones estadounidense USS Benfold

La historia del portaviones USS Benfold ofrece un buen ejemplo de cómo identificar y superar tus puntos ciegos.[2]

El Benfold era uno de los buques de guerra con peor rendimiento de toda la Marina estadounidense. Encargado en 1996 para actuar con la Flota del Pacífico, albergaba uno de los arsenales de misiles y tecnología más avanzados de la Marina en su momento. Su sistema de radar era tan avanzado que era capaz de rastrear a un ave desde ochenta kilómetros de distancia. Su misión consistía en estar preparado para la guerra en todo momento. Pero no estaba cumpliendo las expectativas.

A pesar de tener unas carreras militares brillantes, sus comandantes previos habían sido incapaces de mejorar su rendimiento. Al fin y al cabo, en gran medida la actuación de un buque depende tanto de la tecnología como de la tripulación.

No hay nada más importante para un líder que sacar lo mejor de su equipo. A menudo, eso comporta eliminar escollos que limitan el potencial. Toda la tecnología del mundo no te hará mejor si las personas que la utilizan no hacen bien su trabajo.

El destino del USS Benfold cambió el día que designaron comandante a Michael Abrashoff. Abrashoff estaba en la mitad de la treintena cuando la Marina le ofreció el Benfold, su primer puesto como mando naval. En el momento de asumir su cargo, aseguró que el «buque disfuncional contaba con una tripulación hosca absolutamente desmotivada y ansiosa por dejar la Marina». Y, sin embargo, en menos de veinte meses, Abrashoff transformó el Benfold en uno de los buques con mejor rendimiento de la Marina estadounidense. Y eso que lidiaba con una jerarquía asfixiante.

¿Cómo lo hizo?

Lo increíble es lo que no hizo. No despidió ni degradó a nadie. No alteró la jerarquía. No modificó la tecnología. El único cambio real tuvo lugar en su interior. Empezó a identificar sus posibles puntos ciegos y a contemplar el mundo desde la perspectiva de la tripulación.

Poco después de asumir el mando, durante una de las parrilladas que solían celebrarse los domingos a bordo del buque, Abrashoff observó una larga fila de marineros esperando a recibir su comida mientras los oficiales se colaban en la cabecera. Y no quedaba ahí el asunto, sino que, una vez que tenían su comida, los oficiales se iban a una cubierta privada para comer separados de los marineros rasos. Imagina que eres marinero en un barco y tu jefe aparece y se salta la fila por delante de ti. ¿Qué mensaje te envía eso? ¿Te interesa esforzarte en tu trabajo? ¿Te interesa pensar en nuevas ideas para mejorar el funcionamiento del barco?

«Los oficiales no eran mala gente —recuerda Abrashoff—, simplemente no sabían hacerlo de otro modo, porque siempre se había hecho así». En lugar de acercarse a los oficiales y decirles lo que debían hacer (un planteamiento de tipo mando y control que rara vez funciona a largo plazo), Abrashoff se limitó a ponerse al final de la fila.

Un oficial de suministros se le acercó y le dijo: «No lo entiende. Usted tiene que ponerse a la cabeza de la fila». Abrashoff se encogió de hombros y le dijo que no le parecía justo. Esperó haciendo fila a recibir su comida y luego se sentó con los marineros. El fin de semana siguiente, todo el mundo hizo fila y comieron todos juntos. Nunca se dio ninguna orden al respecto.

Desde el principio, Abrashoff sabía que no sirve de nada ordenar a la gente que sea mejor. Aunque parezca funcionar, los resultados siempre son a corto plazo y las consecuencias son enormes. Da igual si se está en un barco o si se dirige una fábrica. Mediante el mando y control no se aprovechan los recursos, la inteligencia y las habilidades de la gente.

«Muéstrenme una empresa con la que los empleados estén implicados y les mostraré una empresa que se impone a la competencia —afirma Abrashoff—. Los capitanes tienen que ver el barco desde la perspectiva de la tripulación. Tienen que facilitarles a los miembros de la tripulación que se expresen y comuniquen sus ideas, y recompensarlos por ello».[3]

Existe una laguna en nuestro pensamiento que proviene de creer que nuestra manera de ver el mundo es la manera en que el mundo funciona en realidad. Solo cuando cambiamos de perspectiva, cuando observamos la situación con los ojos de otras personas, nos damos cuenta de lo que no veíamos. Empezamos a detectar nuestros propios puntos ciegos y a saber lo que se nos escapaba.

Salvaguardas de protección

Muchas de nuestras vulnerabilidades biológicas intrínsecas pueden impedir un buen discernimiento: la privación de sueño, el hambre, el cansancio, la emoción, la distracción, el estrés de sentir que nos apremian y hallarnos en un entorno con el que no estamos familiarizados son solo algunos ejemplos. No podemos evitar encontrarnos en estas situaciones de vez en cuando. Pero sí podemos aplicar salvaguardas para protegernos de nuestros condicionantes predeterminados en esos momentos.

Las salvaguardas son herramientas para protegernos de nosotros mismos, de las debilidades que no tenemos la fuerza necesaria para superar.

He aquí un ejemplo sencillo. Supón que quieres empezar a llevar una dieta más saludable. Este propósito se vuelve exponencialmente más duro para ti si habitas en un entorno poco saludable, si, por poner un ejemplo, tienes la despensa y el refrigerador llenos de comida basura. Purgar tu casa de toda la comida basura es una salvaguarda. Te protege de sucumbir al impulso de abrir una bolsa de papas fritas cuando tienes hambre o estás aburrido. Por supuesto, puedes ir a la tienda y comprar unas papas, pero eso requiere mucho esfuerzo. Tienes que pensar, planear y actuar. En el tiempo que tardas en hacer todo eso, tal vez te replantees tus opciones y pienses en comer algo más acorde con tus objetivos de salud.

Purgar tu casa de toda la comida basura es un ejemplo de una estrategia de salvaguarda: aumentar la cantidad de «fricción» requerida para hacer algo contrario a tus objetivos a largo plazo. Pero hay multitud de estrategias de salvaguarda. Entre mis favoritas figuran la prevención, imponerte reglas, hacerte listas, cambiar tu marco de referencia y hacer visible lo invisible. Hablemos de cada una de estas estrategias.

Estrategia de salvaguarda 1: prevención

El primer tipo de salvaguarda tiene por finalidad prevenir los problemas antes de que ocurran. Una manera de hacerlo es evitar tomar decisiones en condiciones desfavorables. El estrés, por ejemplo, contribuye a tomar malas decisiones. Algunos estudios demostraron que el estrés cortocircuita el proceso de deliberación, lo cual socava la evaluación sistemática de alternativas necesaria para una toma de decisiones eficaz.[1]

Alcohólicos Anónimos tiene una salvaguarda muy útil para todos sus miembros. La llaman HALT, el acrónimo en inglés de hambriento, enojado, solo y cansado.*

---

* Siglas en inglés de Hungry, Angry, Lonely and Tired. HALT significa «¡Alto!». *(N. de la T.)*.

Cuando se te antoja tomarte una bebida, dicen, pregúntate si se da alguna otra de estas condiciones. En tal caso, afronta el problema real, el hambre, el enojo, la soledad o el cansancio, en lugar de beber.

Puedes utilizar el principio subyacente a HALT como salvaguarda para tomar decisiones en general. Si tienes una decisión importante que tomar, pregúntate: «¿Tengo hambre? ¿Estoy enojado o alterado? ¿Me siento solo o estoy estresado por las circunstancias, por ejemplo, estar en un entorno con el que no estoy familiarizado o presionado por el tiempo? ¿Estoy cansado, tengo sueño o estoy físicamente agotado?». Si la respuesta a alguna de estas preguntas es sí, evita en la medida de lo posible tomar la decisión. Espera a un momento más oportuno. De otro modo, tus condicionantes predeterminados se impondrán.

Estrategia de salvaguarda 2: reglas automáticas para el éxito

Las elecciones reactivas son respuestas automáticas a un estímulo. La mayoría de estas reacciones se efectúan a nivel inconsciente: ni siquiera somos conscientes de ellas. A veces somos capaces de reducir el ritmo lo suficiente para anular nuestras respuestas arraigadas, pero esto exige un esfuerzo enorme por nuestra parte. Por suerte, hay una manera más fácil de hacerlo: crear nuevos comportamientos que te ayuden a obtener lo que quieres. Concíbelos como reglas automáticas para el éxito.

Nada te obliga a aceptar los comportamientos y las reglas que incorporaste como parte de tu educación y circunstancias vitales. Puedes decidir suprimirlos en cualquier momento y remplazarlos por otros mejores.

En mi conversación con el premio nobel Daniel Kahneman, el padrino de los sesgos cognitivos y los errores de pensamiento, me reveló una táctica inesperada que podemos adoptar para mejorar nuestro juicio: sustituir las decisiones por reglas.[2] Resulta que las reglas pueden ayudarnos a automatizar nuestro comportamiento para colocarnos en la posición de alcanzar el éxito y conseguir nuestros objetivos.

Cuando tomamos decisiones, a menudo pensamos en los objetivos que queremos alcanzar y trabajamos retrocediendo para identificar los medios para conseguirlos. Si quieres ponerte en forma, empiezas a ir al gimnasio y a llevar una dieta más saludable. Si quieres ahorrar más dinero, puedes ocultarte parte de la nómina a ti mismo cada semana. Utilizamos nuestra fuerza de voluntad para conseguir esos objetivos. Y una vez que los alcanzamos, normalmente recaemos en el comportamiento predeterminado anterior. Con el tiempo nos damos cuenta de que reincidimos en algo que no nos gusta, y volvemos a empezar todo el proceso de nuevo.

Este planteamiento no funciona. Implica tomar decisiones y hacer esfuerzos constantes. Marcarse objetivos es necesario, pero no basta para alcanzarlos. También necesitas perseguir esos objetivos con constancia. Y eso significa continuar haciendo elecciones a diario en la línea de dichos objetivos. Cada día tienes que elegir entre hacer ejercicio o saltarte el postre. A medida que estas elecciones van sumándose, se vuelve más difícil, no más fácil, tomar decisiones coherentes que te ayuden a aproximarte a tus objetivos, en lugar de alejarte de ellos.

Tomar todas estas decisiones requiere un gran esfuerzo sostenido. Cuando cedemos a algo que no queríamos hacer, nos excusamos con un: «Fue un día muy largo» o «Se me olvidó la ropa del gimnasio» o «Tengo que preparar la reunión de mañana». Al final, resulta más fácil ponerse pretextos que tomar las decisiones que nos conduzcan a nuestros objetivos.

Y en lo tocante a la salud, como en tantos otros aspectos de la vida, el entorno determina el comportamiento. Tu entorno hace que un camino resulte más fácil que otro.* Es más fácil elegir comida sana si solo tienes acceso a alimentos saludables. Y también es más fácil adherirse a un patrón coherente de decisiones si estás en tu entorno operativo familiar. Cuando no estás familiarizado con el ambiente, resulta más difícil mantener tus patrones regulares de conducta, lo cual explica que mucha gente deje de hacer ejercicio o de comer sano cuando viaja.

Por ambiente no se entiende solo tu entorno físico. También incluye a personas. A veces cuesta decirle que no a alguien. Estamos programados de tal manera que nos gusta caer bien a los demás y tememos que darle una negativa a alguien hará que le caigamos peor. Decirle que no a alguien repetidamente puede ser aún más difícil. Podemos decir que no cuando nuestro amigo nos ofrece una bebida azucarada después de hacer ejercicio un día, pero si lo hace

---

* Esta idea fue extraída de *The Path of Least Resistance* de Robert Fritz. Robert explica que la estructura determina el comportamiento.

tres días seguidos, acabamos cediendo. Porque somos humanos.

También estamos programados para encajar con otras personas. Piensa en cuántas veces acabaste tomando una copa en sociedad cuando lo que querías en realidad era agua. Tus amigos o compañeros pidieron primero una copa de vino, por decir algo, y por algún motivo te sentiste culpable por no querer una tú también. Así que pediste un vino y renunciaste a lo que realmente querías.

¿Por qué no saltarse todas estas decisiones individuales y crear un comportamiento automático, una regla que no requiera tomar decisiones en el momento y que no genere resistencia en los demás? ¿Por qué no establecer la regla de pedir una bebida solo cuando realmente se te antoje y no limitarte a seguir la corriente en lo que sea que el grupo haga?

De manera similar, supongamos que tu objetivo es beber menos refrescos.* En lugar de decidir cada vez si vas a tomarte un refresco o no, cosa que requiere mucho esfuerzo y es propensa al error, adopta una regla. Por ejemplo: «Solo bebo un refresco con la cena de los viernes», o incluso «No bebo refrescos». Seguir una regla te permite no tener que decidir en cada comida. La ruta de ejecución es corta y menos propensa al error.

Por un capricho de la psicología, la gente normalmente no pone en cuestión tus reglas personales. Simplemente las acepta como rasgos de quién eres. La gente cuestiona las decisiones, pero respeta las reglas.

---

* Como mi amiga Annie Duke, quien me puso este ejemplo.

Kahneman me explicó que su regla favorita era no decir nunca sí a una petición por teléfono. Sabe que le gusta caerle bien a la gente, de manera que tiene inclinación a decir que sí en el momento; pero, tras llenar su agenda de cosas que no lo hacían feliz, decidió prestar más atención a lo que accede a hacer y por qué. Ahora, cuando alguien le pide algo por teléfono, contesta algo como: «Déjame pensarlo y te llamo». Eso no solo le da tiempo para pensar sin la presión social inmediata, sino que muchas de estas peticiones se descartan solas porque el interlocutor decide no insistir. Kahneman rara vez telefonea de nuevo a estas personas y les dice que sí.*

Después de hablar con Kahneman, pasé un tiempo reflexionando acerca de qué reglas automáticas podía crearme yo para que mi deseo en el momento no invalide mi deseo real.

Y lo hice imaginando que un equipo de cine me seguía y documentaba mi recorrido hacia el éxito.** Tanto si lo lograba como si no, ¿cómo actuaría para demostrarle al público que merecía conseguirlo? ¿Qué querría que vieran los demás? ¿Y qué hago que no querría que vieran porque me avergüenza o me abochorna?

Cuando llevo a cabo este experimento con personas, no dejo de sorprenderme. Todos sabemos algo que podríamos hacer para mejorar nuestras posibilidades de éxito. Y todos sabemos algo que podríamos dejar de hacer que también las incrementaría.

---

* Otra regla efectiva que vi es que, si no moverías nada de tu agenda para acomodar una petición en los dos días siguientes, simplemente di que no.

** Sé que no fue a mí a quien se le ocurrió este experimento mental, pero no tengo claro a quién acreditárselo.

El mero hecho de no poder controlar todo lo que necesito hacer no implica que no pueda controlar cuándo hacerlo. La versión de mí en la que quería que se centrara el equipo de cine se concentraba en lo verdaderamente importante.

Aplicando este indicador, decidí crear espacio cada día para trabajar en las mejores oportunidades. Imaginaba al equipo de cine observándome mientras preparaba el desayuno para mis hijos y luego salía para el trabajo. Seguramente el equipo esperaba ver reuniones y a gente haciéndome preguntas, pero lo que vería sería una ausencia total de llamadas telefónicas y reuniones hasta la hora de comer, porque había decidido invertir tiempo en trabajar en la tarea más importante. De ahí salió mi regla de «nada de reuniones antes de la hora de la comida».*

Durante toda la vida nos enseñan a seguir reglas y, sin embargo, nadie nos había dicho que podemos crear reglas potentes que nos ayuden a alcanzar nuestras metas. A mí me cuesta ir al gimnasio tres días a la semana, de manera que mi regla es ir cada día. No me gusta ir al gimnasio cada día. De hecho, algunos días lo odio. Pero también sé que es más fácil seguir mi regla que saltármela. En cuanto al gimnasio, ir cada día es más fácil que ir algunos días.

Crearse reglas personales es una potente técnica para protegerte de tus propias debilidades y limitaciones. Y, a veces, esas reglas tienen beneficios sorprendentes.

---

* Me encantaría conocer tus reglas automáticas. Envíame un correo electrónico a shane@fs.blog con el asunto «Automatic Rule» y coméntamelas.

Estrategia de salvaguarda 3: crear fricción

Otra estrategia de salvaguarda es aumentar la cantidad de esfuerzo que hay que invertir en hacer cosas contrarias a nuestros objetivos. Yo solía comprobar si tenía nuevos mensajes de correo electrónico siempre que tenía un momento. Lo comprobaba antes de irme a la cama, en el trayecto a pie desde casa hasta el trabajo, mientras hacía fila en el supermercado...

Es fácil consolarme pensando que no soy el único, que todo el mundo lo hace. El golpe de dopamina que comporta la novedad impide que muchos de nosotros trabajemos en nuestras prioridades. Pero el problema no es solo que invirtiera demasiado tiempo en mi correo electrónico, sino que el *email* podía secuestrar mi tiempo de manera que no lo invertía en lo verdaderamente importante. Y lo que más me asusta es que a menudo anhelaba que me alejara de lo que supuestamente debía estar haciendo.

Pongamos por ejemplo un importante informe que tenía que acabar al principio de mi carrera profesional. Llegaba al trabajo y en lugar de ponerme a redactarlo, que era mi tarea más importante, revisaba el correo electrónico. Si había algún mensaje en mi buzón que requiriera una mínima atención, me decía que debía solucionarlo antes de ponerme a trabajar con el informe. Y, por supuesto, cuando había acabado con aquel primer *email*, habían entrado otros mensajes que requerían mi atención. No tardé mucho en convencerme de que tenía que solucionar el correo antes de empezar a trabajar. Y la consecuencia es que solamente encontraba tiempo para sentarme a redactar el informe hasta el final de la jornada laboral, cuando estaba mentalmente exhausto.

Si tomo distancia y pienso en ello por un momento, estaba dándole lo peor de mí mismo a una de las cosas más importantes que quería hacer. El correo electrónico, que la mayoría de los días temo, estaba acaparando mi parte más enérgica y creativa. Muchos de nosotros hacemos exactamente lo mismo con nuestras parejas. Cuando acabamos todo lo que tenemos que hacer a lo largo de una jornada, estamos reventados. Y ese es el tiempo que le concedemos a ¡la persona más importante de nuestras vidas!

Si existiera una receta para el desastre acumulado, sería dar lo mejor de nosotros a las cosas menos importantes y lo peor a las más importantes.

La estrategia para romper los malos hábitos es convertir tu comportamiento deseado en tu comportamiento predeterminado. Para poder ponerme al día con el informe, les dije a mis compañeros que, hasta que no lo entregara, los invitaría a todos a comer si me descubrían con el correo electrónico abierto antes de las 11:00 h. Y mi parte competitiva y el hecho de ahorrarme la invitación añadió la fricción suficiente para no revisar el *email* nada más llegar al trabajo cada día.

Así pude trabajar sin distracciones durante toda la mañana. Y después del mediodía me encargaba del correo electrónico, de las llamadas y de convocar o asistir a reuniones. Es increíble lo productivo que me volví.

Es fácil subestimar el papel que la simplicidad desempeña en la toma de decisiones. Dado que el comportamiento avanza por la ruta que ofrece menos resistencia, una estrategia asombrosamente fructífera consiste en añadir fricción allí donde te encuentras haciendo cosas que no quieres hacer.

Estrategia de salvaguarda 4: instalar barreras de contención

Otra estrategia de salvaguarda consiste en formular procedimientos operativos para ti mismo porque sabes por experiencia cuándo tus condicionantes predeterminados tienden a anular tu toma de decisiones. Los condicionantes predeterminados nos impiden ver lo que está sucediendo realmente y reaccionar de la manera más consecuente con la mejor imagen que tenemos de nosotros mismos.

Ya hablamos de fijarnos reglas automáticas como la resolución de Kahneman de no decir sí a nada por teléfono y evitar tomar decisiones importantes en condiciones desfavorables. Ahora bien, existen otros procedimientos de protección efectivos que también te obligan a bajar el ritmo en el momento y a hacer una pausa para pensar con más claridad acerca de una situación. Estos procedimientos nos hacen dar un paso atrás y preguntarnos: «¿Qué pretendo conseguir?» y «¿Esto me está acercando o alejando de mi objetivo?». Pueden parecer preguntas básicas, pero a menudo las olvidamos en el fragor del momento.

Las listas de verificación, por ejemplo, ofrecen una manera sencilla de desactivar tus condicionantes predeterminados. Los pilotos revisan una lista de comprobación antes de despegar. Los cirujanos también repasan listas de verificación antes de cada intervención. Es posible que tú tengas una lista de comprobación con todo lo que debes meter en la maleta antes de cada vuelo. Las listas funcionan como una salvaguarda en cada uno de estos casos, pues nos obligan a ralentizar lo que sea que estemos haciendo y volver a lo esencial: «¿Qué estoy intentando conseguir? ¿Y qué necesito para conseguirlo?». Preguntas como estas son las barreras de contención que te mantendrán en la carretera hacia el éxito.*

Estrategia de salvaguarda 5: cambiar la perspectiva

Cada uno ve las cosas desde un punto de vista particular. Nadie puede verlo todo. Es imposible. Pero eso no significa que no podamos modular nuestra manera de ver las cosas en una situación determinada.

En física, un marco de referencia es un conjunto de coordenadas para observar eventos. Los diferentes observadores ocupan distintos marcos de referencia y lo que resulta visible desde uno no lo es necesariamente desde otro. Por ejemplo, puedes ocupar un marco de referencia si estás sentado en un vagón de tren en funcionamiento y yo ocupar uno distinto si estoy de pie en el andén observando cómo pasa tu tren. Dentro de tu marco de referencia, tú y el asiento en el que vas sentado son estáticos. Pero desde el mío los dos se mueven a gran velocidad.

---

* Dos preguntas eficaces que les hago a mis hijos para que aminoren el ritmo y piensen son: (1) ¿Quieres echarle agua o gasolina a esta situación?, y (2) ¿Este comportamiento te va a ayudar a conseguir lo que quieres?

Imagina ahora que fuera posible cambiar tu marco de referencia. ¿Qué pasaría si, por ejemplo, yo estuviera grabando en video la llegada de tu tren para que la vieras? Entonces serías capaz de verte y de ver el lugar que ocupas desde mi perspectiva y eso te daría más información acerca de tu situación de la que podías ver desde tu marco de referencia. Supongamos que tu tren se dirigiera a colisionarse con un obstáculo que hubiera en las vías, por delante, y que solo fuera visible desde mi marco de referencia. Desde tu punto de vista, todo estaría bien. Ni siquiera sabrías que te encaminas al desastre. Cambiar tu marco de referencia y contemplar la situación desde mi perspectiva te proporcionaría información crucial y te permitiría adoptar medidas para evitar una catástrofe.

Lo que se aplica en este ejemplo del tren se aplica también en muchos otros casos. Mientras estás sentado en tu sofá leyendo un libro y sin moverte, desde el punto de vista del Sol te estás desplazando a casi ciento ocho mil kilómetros por hora a su alrededor. Tener una perspectiva externa nos permite ampliar nuestra visión de la realidad. Al cambiar de perspectiva, cambias lo que ves.

Modificar tu marco de referencia es una potente protección frente a los puntos ciegos. Vimos antes cómo Michael Abrashoff fue capaz de darle la vuelta al rendimiento del portaviones USS Benfold cambiando su marco de referencia. En lugar de continuar observando la situación desde el establecido del Benfold, un marco en el que lo normal era que los oficiales trataran a los marineros como ciudadanos de segunda, Abrashoff cambió de punto de vista, ya que observó la situación desde la perspectiva de los marineros rasos y aplicó el concepto de justicia y ecuanimidad.

Una vez trabajé con un compañero que también era mi amigo. Un día entró en mi oficina a darme una noticia. «Por fin averigüé lo que estaba haciendo mal —me dijo—: estaba tan ocupado intentando demostrarle a todo el mundo que tenía razón que no era capaz de contemplar la situación desde el punto de vista de los demás».

El problema no era que no fuera un tipo inteligente. Lo era. Y tampoco era que no trabajara duro. Lo hacía. El problema era que no era capaz de entender a los demás porque no había hecho el esfuerzo de contemplar las cosas desde su perspectiva. Y cuando por fin se dio cuenta de ello, empezó a cambiar su comportamiento.

A partir de entonces, siempre que debatía algo con alguien en el trabajo, empezaba exponiendo su impresión sobre cómo veía la otra persona la situación. Y luego le preguntaba: «¿Olvido algo?».

Formular esta pregunta es un movimiento inteligente. Implica que está abierto a que lo corrijan y le brinda a la otra persona la oportunidad de hacerlo. Uno de los instintos humanos que tenemos más arraigados es la necesidad de corregir a los demás, de manera que, formulando esta pregunta, mi amigo facilita que la otra persona interactúe con él. Y si el interlocutor en efecto lo corrige, le revela qué factores considera más importantes.

Cuando la otra persona acabó de responder a esa primera pregunta, mi amigo todavía no expone sus pensamientos. Antes de hacerlo, insiste una vez más: «¿Olvido algo más?».

Este abordaje de la comunicación interpersonal es un ejemplo de salvaguarda consistente en el cambio de referencias. Plantear esas dos preguntas y escuchar las respuestas obliga a mi amigo a ver las cosas desde el punto de vista del otro. Y tomarse el tiempo para hacer eso lo protege de una tendencia que identificó como una debilidad suya.

Unos meses después de implementar ese cambio, mi amigo se convirtió en un canal entre su equipo y el resto de la empresa. Con el tiempo, empezaron a pedirle que acompañara a su jefe a las reuniones. Y cuando su jefe fue ascendido a un nuevo cargo, todo el mundo dio por supuesto que él ocuparía la vacante. Ni siquiera tuvo que pedirlo.

Cómo gestionar los errores

Los errores son una parte ineludible de la vida. Incluso las personas más capacitadas cometen errores, porque muchos factores ajenos a nuestro conocimiento y control pueden repercutir en nuestro éxito. Esto ocurre, sobre todo, cuando intentamos ampliar los límites de nuestro conocimiento o potencial. En la frontera de lo que somos capaces de saber o hacer no hay huellas de carro que seguir ni puntos de referencia familiares, no hay puntos kilométricos ni señales viales que nos orienten. Avanzamos sin el beneficio de tener la visión retrospectiva de otra persona. E, inevitablemente, damos pasos en falso. En parte, tomar las riendas de nuestra vida consiste en gestionar esos pasos en falso cuando se producen.

Cuando las cosas no salen como esperábamos, la mayoría de nosotros suele culpar al mundo, en lugar de a sí mismos. Es un ejemplo de lo que los psicólogos denominan «sesgo de autoservicio»: una tendencia a evaluar las cosas de manera que protejan o realcen la imagen que tenemos de nosotros mismos y que ya mencioné con anterioridad al hablar de la autorresponsabilidad. Cuando las personas logran algo, tienden a atribuir su éxito a su propia capacidad o esfuerzo: «Es que soy muy inteligente», «Trabajé muy duro» o «Conocía todos los ángulos». En cambio, cuando fracasan, tienden a atribuir su fracaso a factores externos: «Mi jefe me odia», «El examen era injusto», etcétera.

Dicho de otra manera: «Si sale cara, tengo razón. Si sale cruz, no voy mal».

Si obtuviste unos resultados que no querías, el mundo te está diciendo al menos dos cosas:

(a) tuviste mala suerte;
(b) tus ideas sobre cómo funcionan las cosas eran equivocadas.

Si tuviste mala suerte, intentarlo de nuevo aplicando el mismo planteamiento debería conducir a un resultado distinto. Pero cuando no consigues repetidas veces los resultados esperados, el mundo te está diciendo que revises tu comprensión de la situación.

Muchas personas se niegan a escuchar que sus ideas son equivocadas. No quieren ser conscientes de los fallos en su planteamiento y, en su lugar, preferirían pasar como sonámbulas por la vida. Lo hacen, en parte, porque reconocer que sus ideas son erróneas supone un golpe a la imagen que tienen de sí mismas: es una prueba de que no son tan listas ni tienen tantos conocimientos como creían. Lo que opera es el ego predeterminado.

Si quieres comprobar si tu planteamiento es equivocado, tienes que hacerlo visible. Hacer visible lo que previamente era invisible nos brinda la mejor oportunidad de ver lo que sabíamos y lo que pensábamos en el momento de tomar una decisión. Confiar en la memoria no funciona porque el ego distorsiona la información y nos hace parecer mejores de lo que en realidad éramos.

Aun así, una vez que comprendes que llegó el momento de revisar tus ideas, cambiar tu concepción del mundo requiere mucho trabajo. De ahí que la gente tienda a hacer caso omiso de lo que el mundo les dice. Siguen haciendo lo que hicieron siempre y obtienen los mismos resultados. Lo que opera en ese caso es la inercia predeterminada.

Los errores nos plantean opciones

Como ocurre con todo lo demás, hay maneras mejores y peores de gestionar los errores. El mundo no se para porque tú hayas cometido un error. La vida continúa y tú también tienes que seguir adelante. No puedes limitarte a levantar las manos y largarte. Hay otras decisiones que tomar, otros objetivos que alcanzar y, con suerte, no repetirás el mismo tipo de error en el futuro.

Todo el mundo comete errores por la sencilla razón de que todo el mundo tiene limitaciones. Incluso tú. Pero intentar esquivar la responsabilidad por tus decisiones, tus acciones y los resultados es equivalente a fingir que no tienes limitaciones. Una cosa que distingue a las personas excepcionales de la masa es su manera de manejar los errores y de extraer aprendizajes de ellos para mejorar.

Los errores plantean una disyuntiva: puedes revisar tus ideas o ignorar los fracasos que generaron y seguir creyendo lo que creíste siempre. Muchos de nosotros nos decantamos por lo segundo.

Normalmente, el mayor error que cometen las personas no es el fallo inicial. Es el error de intentar encubrirlo y eludir la responsabilidad de asumirlo. El primer error es caro; el segundo cuesta una fortuna.

Mis hijos lo aprendieron por las malas. Un día, al regresar a casa, encontré un trozo de cristal roto en el suelo. Lo sostuve en alto y pregunté qué había pasado, y contestaron que no lo sabían. Entonces me dirigí al bote de la basura, lo abrí, retiré una hoja de papel que parecía colocada encima con esmero y encontré los restos de un jarrón hecho añicos. Les di a mis hijos una última oportunidad de cambiar su versión de la historia. Con toda la seguridad que los preadolescentes pueden reunir, se mantuvieron firmes en su inocencia. Y cuando tuvieron que afrontar las consecuencias, no fue por romper el jarrón, sino por mentir.

Encubrir los errores comporta tres problemas. El primero es que, si ignoras tus errores, no puedes aprender de ellos. El segundo es que ocultarlos se convierte en una costumbre. Y el tercero es que encubrirlos solo consigue empeorar la situación.

Admitir un error y cambiar tu línea de acción no solo te ahorra tiempo, sino que te capacita para evitar cometer más errores en el futuro. Ahora bien, si extraes algún aprendizaje de ellos, los errores también proporcionan raras oportunidades de aproximarte más al tipo de persona que quieres ser. ¡Aprovecha esas oportunidades con inteligencia! No las desperdicies.

Los cuatro pasos para manejar los errores de manera más eficaz son los siguientes: (1) aceptar la responsabilidad, (2) aprender del error, (3) comprometerte a mejorar y (4) reparar el daño lo mejor que puedas.

Paso 1: aceptar la responsabilidad

Si tomaste las riendas de tu vida, debes reconocer cualquier aportación que hayas podido hacer a la comisión de un error y asumir la responsabilidad por sus consecuencias. Aunque el error no sea solo culpa tuya, sigue siendo tu problema y tienes una función que desempeñar en deshacerlo.

Cuando ocurren errores, la reacción emocional predeterminada se esfuerza por usurpar el control de la situación. Y lo hará si se lo permites. Se trata de lo opuesto a asumir las riendas: es dejar que el rumbo de tu vida lo determine un capricho emocional. Es esencial mantener las emociones a raya. Si no trabajaste en reforzar esa virtud, no tendrás demasiado margen de maniobra. Por eso es importante la práctica constante.

Paso 2: aprender del error

Tómate tiempo para reflexionar sobre cuál fue tu aportación a la comisión del error explorando los diversos pensamientos, sentimientos y acciones que te condujeron hasta donde estás. Si se trata de una emergencia y no tienes tiempo para reflexionar en el momento, asegúrate de revisarlo más adelante. Porque si no identificas las causas del problema, no podrás resolverlo. Y si no lo resuelves, no lo harás mejor en el futuro, sino que estarás condenado a repetir el mismo error una y otra vez.

Si llegas a esta fase culpando a otras personas o diciendo cosas como «¡No es justo!» o «¿Por qué me pasa esto a mí?», entonces no aceptaste la responsabilidad por el error. ¡Vuelve al paso 1!

Paso 3: comprometerse a mejorar

Formula un plan para hacerlo mejor en el futuro. Puede ser cuestión de reforzar una virtud, como asumir una mayor autorresponsabilidad o desarrollar la seguridad en ti mismo. O también puede consistir en instalar una salvaguarda, como hizo mi amigo y compañero al caer en la cuenta de que no estaba teniendo en cuenta los puntos de vista de los demás. En todo caso, necesitas trazar un plan para mejorar en el futuro, y aplicarlo. Solo entonces podrás cambiar las cosas y evitarás repetir los errores del pasado.

Paso 4: reparar el daño lo mejor que puedas

La mayoría de las veces es posible reparar el daño provocado por un error. Cuanto más larga sea la relación con la persona o más coherente haya sido tu comportamiento, más fácil resultará repararlo. Pero eso no significa que ocurra al instante. De la misma manera que una herida tarda un tiempo en sanar, una relación también necesita su tiempo para restablecerse. No basta con aceptar las consecuencias de tu comportamiento y ofrecer una disculpa sincera. Tienes que ser coherente y esforzarte en mejorar en lo sucesivo. Cualquier desvío inmediato revierte rápidamente la reparación.

No todos los errores son así. Algunos tienen consecuencias irreversibles. La clave en este caso consiste en no dejar que una mala situación empeore.

Un amigo es director general de un importante equipo deportivo. Hablando de errores, mencionó a un mentor suyo que había hecho un «mal trato» basándose en un impulso, no en la razón. Una vez firmada la documentación, no podía desdecirse. Su mentor sabía que era un error antes de que el jugador se vistiera para su primer partido. Su vocecilla interior, esa saboteadora interna que todos tenemos, le decía que era un impostor y que ahora todo el mundo se daría cuenta. Le decía que era estúpido. Esa voz interior desbarató años de una gestión excepcional de jugadores, erosionó su seguridad en sí mismo y lo paralizó hasta tal punto que lo incapacitó para tomar decisiones eficaces en condiciones de incerteza. Se obsesionó con recopilar datos que le ayudaran a despejar dudas. No tardó en perder su empleo.

Si no los asimilas, los errores actúan como anclas. En parte, aceptarlos implica aprender de ellos para poder pasar de página. No podemos cambiar el pasado, pero sí podemos trabajar para deshacer las consecuencias que tuvo nuestro error en el futuro.

La historia más potente del mundo es la que te cuentas a ti mismo. Esa voz interior tiene el poder de hacerte avanzar o de anclarte al pasado. Elige con inteligencia.

PARTE IV

DECISIONES: EL PENSAMIENTO CLARO EN LA PRÁCTICA

Elegir no decidir es una elección.

NEIL PEART

Una vez que hayas reprogramado tus condicionantes predeterminados con el fin de crear espacio para pensar con claridad, debes dominar la habilidad de tomar decisiones.

Las decisiones son distintas de las elecciones. Si escoges sin más una opción de entre un abanico de alternativas, hiciste una elección. Si reaccionas sin pensar, hiciste una elección inconsciente. Pero ninguna de las dos cosas es lo mismo que tomar una decisión. Una decisión es una elección que implica pensamiento consciente.

Decisión = conclusión de que una determinada opción es la mejor

A menudo, lo que parece una falta de criterio en retrospectiva ni siquiera se registra como una decisión en el momento. Cuando los condicionantes predeterminados conspiran, reaccionamos sin pensar. Y esa reacción ni siquiera cuenta como una decisión. Una vez que registramos la oportunidad de adoptar una elección consciente, la pregunta es: ¿cómo podemos tomar la mejor decisión posible?

El proceso de toma de decisiones

Decisión = conclusión de que una determinada opción es la mejor

La decisión en sí debería ser el resultado de un proceso. Dicho proceso consiste en sopesar todas las opciones con el objetivo de seleccionar la mejor y consta de cuatro etapas: definir el problema, explorar las posibles soluciones, evaluar las opciones y, por último, llegar a una conclusión y poner en práctica la mejor opción. Analizaremos cada uno de estos componentes en detalle a lo largo de este capítulo.

Si no aplicas este proceso, tu elección no cuenta necesariamente como una decisión.

Los niños pequeños tienden a hacer elecciones sin ninguna evaluación previa. Y a veces los adultos también lo hacen. Quizá se deba a que tenemos que hacer una elección tan rápidamente que no disponemos de tiempo para evaluar las opciones. O quizá dejamos que el hábito escoja por nosotros, que la inercia de las elecciones pasadas nos lleve a transitar el momento presente sin explorar nuestras opciones. O tal vez lo que pasa es que dejamos que nuestras emociones hagan elecciones sin darnos siquiera cuenta de ello, sea por un enojo momentáneo, por miedo o por el deseo de evitar la evaluación y lanzarnos a actuar sin pensar ni reflexionar.

Ninguno de estos ejemplos cuenta como una decisión. Eso no significa que no seamos responsables de ellas. Lo somos. Simplemente significa que no estamos razonando, que no estamos pensando de manera consciente. En lugar de ello, estamos reaccionando y cediendo nuestro momento decisivo a nuestros condicionantes predeterminados. El problema es que, a menudo, en esos momentos decidimos lo contrario a la que consideraríamos la mejor opción si razonáramos en lugar de reaccionar. Cuando reaccionamos sin razonar, causamos más problemas de los que resolvemos. ¡Ojalá pudiéramos tener la visión en retrospectiva de nuestros yos del futuro para anticipar nuestras decisiones ahora!

No todas las malas decisiones se toman de manera apresurada ni todas las buenas se toman pausadamente. No es tan sencillo.

Las personas confunden elegir con decidir y el proceso de toma de decisiones con palabrería. En parte, el motivo por el que resulta difícil aminorar el ritmo y razonar un problema es que el observador exterior puede creer que estamos sucumbiendo a la inacción. No obstante, la inacción también es una elección.

Cuando las apuestas son bajas, la inacción es más nociva que la velocidad. A veces, es mejor tomar una elección rápidamente y no invertir tiempo en deliberar. ¿Por qué malgastar tiempo evaluando algo si una acción es inconsecuente y sus efectos pueden revertirse con facilidad? Por ejemplo, si hay dos máquinas para hacer sentadillas idénticas en el gimnasio y ambas están disponibles, da igual cuál elijas. Si esperas y decides, las ocuparán otros usuarios. Elige una y ya está.

En cambio, cuando las apuestas son más altas, la celeridad puede jugar en tu contra. Si una acción puede tener un gran impacto en tu vida o en tu negocio y sus efectos son irreversibles, debes decidir, y no limitarte a elegir. En tales casos, la magnitud de las pérdidas potenciales convierte la toma de decisiones meticulosa en una inversión de tiempo que vale la pena. En estos supuestos, evalúa bien las opciones y decide. No te limites a elegir.

En los próximos apartados se describen algunas herramientas para razonar mejor en el momento de tomar decisiones. No te solucionarán todos los problemas a la hora de hacerlo, porque no existe una herramienta útil para todo; cada una tiene sus aplicaciones y sus limitaciones. Tienes que dotarte de varias. De otro modo, acabarás resolviendo los problemas equivocados. Como dice un viejo refrán: «Si la única herramienta que tienes es un martillo, tiendes a ver cada problema como un clavo».

Para aprender a utilizar estas herramientas tienes que saber mantener tus condicionantes predeterminados a raya para poder razonar. En caso contrario, reaccionarás espoleado por uno de ellos. Y aunque durante un tiempo tal vez consigas los resultados que deseas, al final la falta de reflexión acaba pagándose. Solo una vez que se dominan los condicionantes predeterminados las herramientas que describo resultan útiles.

Si no consigues controlarlos, si te dejas llevar por la emoción, si no eres capaz de adaptarte a los cambios, si valoras más tener razón que hacer lo correcto, entonces ninguna herramienta del mundo te va a ayudar. Tus condicionantes predeterminados te superarán, desbaratarán tu proceso de toma de decisiones y se harán con el control de tu vida.

•

CAPÍTULO 4.1

Definición del problema

El primer principio de la toma de decisiones es que la persona que decide debe definir el problema.* Si no eres tú quien toma la decisión, puedes sugerir el problema que hay que solucionar, pero no te corresponde definirlo. Solo puede hacerlo la persona responsable del resultado. El encargado de tomar la decisión puede recopilar información de múltiples fuentes: jefes, subordinados, compañeros, expertos, etc. Sin embargo, la responsabilidad de llegar al fondo del problema, de diferenciar los hechos de las opiniones y determinar que está sucediendo realmente, es de quien toma la decisión.

Para definir el problema se empieza identificando dos aspectos: (1) lo que se quiere conseguir y (2) los obstáculos que se interponen en el camino para conseguirlo.

---

* Lo aprendí de primera mano en las reuniones operativas. Solo la persona al cargo de la operación podía definir el objetivo, las metas y los problemas. El resto podía hacer sugerencias, pero una persona debía asumir la responsabilidad por la decisión, y esa persona era quien estaba a cargo de la operación. Así lo corroboraron múltiples veces Adam Robinson, Peter Kaufman y Randall Stutman.

Por desgracia, a menudo la gente acaba resolviendo el problema equivocado.

Quizá te veas reflejado en esta situación que he presenciado miles de veces a lo largo de los años. Una persona encargada de tomar una decisión monta un equipo heterogéneo para solucionar un problema crítico y con apremio de tiempo. En la sala hay diez personas, todas las cuales aportan información sobre lo que está ocurriendo, cada una desde una perspectiva diferente. Al cabo de unos minutos, alguien enuncia lo que cree que es el problema, la sala guarda silencio por un microsegundo… y entonces todo el mundo empieza a discutir posibles soluciones.

A menudo, la primera descripción plausible de la situación se da por válida como definición del problema que el equipo intentará resolver.* Una vez que el grupo acuerda una solución, la persona encargada de tomar la decisión se da por satisfecha. Destina los recursos a la idea y espera que el problema se resuelva. Pero no se resuelve. Porque la primera lente a través de la cual se contempla un problema rara vez revela el problema real, de manera que este no se resuelve.

¿Qué sucede aquí?

La convención social predeterminada nos impulsa a aceptar la primera definición con la que todo el mundo se muestra de acuerdo y a seguir avanzando. Una vez que alguien expone un problema, el equipo activa el modo «solución» sin

---

* Había sido testigo de esta situación durante años antes de que Randall Stutman me señalara lo que ocurría.

plantearse si el problema se definió correctamente. Esto es lo que ocurre cuando se junta a un puñado de personas inteligentes, de primer nivel, y se les pide que resuelvan un problema. Acaban saltándose el problema real la mayor parte del tiempo, y lo que abordan, en realidad, es un síntoma de este. Reaccionan sin razonar.

A muchos de nosotros nos dijeron que solucionando problemas aportamos valor. En la escuela, los maestros nos ponían problemas para resolver y, en el trabajo, nuestros jefes hacen lo mismo. Durante toda la vida nos pidieron que solucionemos problemas.

En cambio, en cuanto a definir problemas, tenemos menos experiencia. A menudo, la situación es incierta. Rara vez disponemos de toda la información. En ocasiones, hay ideas contrapuestas acerca de cuál es el problema, propuestas contradictorias para resolverlo y, en consecuencia, mucha fricción interpersonal. De ahí que nos sintamos mucho menos cómodos definiendo problemas que resolviéndolos, y la convención social predeterminada aprovecha esa incomodidad. Nos alienta a reaccionar en lugar de razonar para demostrar que estamos aportando valor. Basta con solucionar un problema…, ¡el que sea!

¿Y cuál es el resultado? Que empresas e individuos desperdician un montón de tiempo resolviendo los problemas equivocados. Es mucho más fácil tratar los síntomas que diagnosticar la enfermedad, apagar incendios que prevenirlos o, sencillamente, posponer las cosas. El problema de este planteamiento es que los incendios nunca se extinguen, que vuelven a prender repetidamente. Y cuando pospones algo para el futuro, ese futuro acaba llegando en algún momento.

Estamos más ocupados que nunca en el trabajo, pero dedicamos la mayor parte del tiempo a apagar fuegos, fuegos que empezaron con una decisión inicial incorrecta tomada años antes y que deberían haberse prevenido.

Y puesto que hay tantos incendios y se nos exige tanto de nuestro tiempo, nos limitamos a apagar las llamas. Sin embargo, como sabe cualquier campista experimentado, apagar las llamas no apaga el fuego. Dado que pasamos todo el tiempo corriendo de un lado para otro apagando llamas, no tenemos tiempo para pensar en los problemas de hoy, que pueden servir de yesca para los incendios de mañana.

Las personas que toman mejores decisiones saben que la forma de definir un problema modula la perspectiva que todo el mundo tiene de este y determina las soluciones. La etapa más crítica en cualquier proceso de toma de decisiones es definir bien el problema. Esta parte del proceso ofrece una información inestimable. Puesto que es imposible resolver un problema que no se entiende, definirlo nos ofrece la posibilidad de asimilar mucha información relevante. Solo hablando con expertos, recabando la opinión de otras personas, escuchando sus distintas perspectivas y separando el trigo de la paja la persona encargada de tomar la decisión entiende el problema real.

Cuando realmente entiendes un problema, la solución parece obvia. Más adelante hablaremos acerca de los indicios que revelan que las personas están resolviendo un problema que no acaban de entender.

Estos dos principios siguen el ejemplo de las personas que toman las mejores decisiones:

EL PRINCIPIO DE LA DEFINICIÓN: asume la responsabilidad de definir el problema. No dejes que nadie lo haga por ti. Esfuérzate en entenderlo. No utilices jerga especializada para describirlo o explicarlo.

EL PRINCIPIO DE LA CAUSA DE RAÍZ: identifica la causa de raíz del problema. No te contentes simplemente con tratar los síntomas.

Una vez asumí el control de un departamento en el que el *software* solía quedarse congelado. Para solucionar el problema había que reiniciar físicamente el servidor. (El inconveniente de trabajar en una instalación de alto secreto era la falta de conectividad con el mundo exterior).

Casi cada fin de semana, una de las personas de mi equipo tenía que desplazarse al trabajo para solucionar aquel problema. Y de manera invariable, conseguía restablecer el sistema, que enseguida volvía a estar operativo. La interrupción era breve y el impacto, mínimo. Problema resuelto. ¿O no?

Al final del primer mes recibí el informe de horas extras para que lo firmara. Aquellas visitas de fin de semana estaban costando una fortuna. Estábamos abordando un síntoma en lugar de resolver el problema. Solucionar el problema real requería varias semanas de trabajo, en lugar de unos minutos durante el fin de semana. Nadie quería resolverlo porque era complicado, de manera que seguíamos apagando llamas y dejando que volvieran a prender.

Una herramienta práctica para identificar la causa de raíz de un problema es preguntarte: «¿Qué tendría que pasar para que este problema no existiera?». Veamos otro ejemplo de esta herramienta aplicada en la práctica.

La ASPCA es una de las asociaciones que velan por el bienestar animal más importantes en Estados Unidos. Se calcula que más de tres millones de perros llegan anualmente a las perreras y protectoras del país y se ponen en adopción. Aproximadamente 1.4 millones de ellos acaban adoptados, pero eso deja más de un millón de perros sin adoptar cada año en el país.*

Solo hay esa cantidad de personas dispuestas a adoptar una mascota y el número de mascotas de las que puede hacerse cargo cada familia es limitado, de manera que la pregunta que afrontan la mayoría de las protectoras es: «¿Cómo podemos conseguir que más gente adopte?». El problema es que responder a esa pregunta no ayuda a avanzar hacia una solución a largo plazo.

Una protectora adoptó un planteamiento distinto. La fundadora de Downtown Dog Rescue, en Los Ángeles, Lori Weise, se preguntó: «¿Qué tendría que pasar para que hubiera menos perros en adopción?».[1] Weise escarbó en los datos y descubrió que el 30% de los perros que llegan a una perrera son entregados por sus propietarios, es decir, son perros a los que sus propietarios abandonan

---

* En Farnam Street utilizamos este ejemplo en nuestro curso de Decision by Design («Decisión por diseño»), donde enseñamos a gente de talla mundial a tomar mejores decisiones. (Si quieres que te añadamos a la lista de espera, envíame un correo electrónico a shane@fs.blog especificando en el asunto «DBD Waitlist»).

de manera voluntaria. Averiguó también que muchas veces propietarios que amaban a sus mascotas las dejaban en protectoras porque no podían costear darles de comer y pensaban que otra persona podría cuidar mejor de su animal. Y una vez que dispuso de esta información, le resultó fácil llegar a una solución mejor y más permanente.

Weise puso en marcha un nuevo programa: siempre que llegaba una familia a entregar un perro, el personal le preguntaba si preferiría quedárselo. Si la respuesta era que sí, el personal de la perrera utilizaba su red para solucionar el problema, ya se tratara de financiar los diez dólares de la vacuna de la rabia o de proporcionarles pienso a largo plazo. Weise y su equipo descubrieron que les salía más barato ayudar a una familia a alimentar a su mascota y quedársela que tenerla en la perrera. Y lo que es aún más importante, el programa permitió al 75% de las familias que acudían con la intención de abandonar a sus perros conservarlos de manera indefinida.

Identificar la causa de raíz de un problema también es una estrategia que puede aplicarse en el mundo empresarial. Una empresa puede creer que su problema es que está consiguiendo muy pocas ventas nuevas y decidir destinar recursos para llegar a nuevos clientes potenciales. Pero ¿qué pasa si conseguir nuevas ventas no es la raíz del problema? ¿Qué ocurre si, pongamos por caso, el problema es del producto? La causa de raíz de un problema como este es la satisfacción del cliente, y eso no es necesariamente lo mismo que conseguir clientes nuevos. También podría tratarse de mantener la satisfacción de los clientes existentes. La manera de definir un problema cambia tu perspectiva.

Tus condicionantes predeterminados siempre están presentes y, a pesar de tus esfuerzos por seguir tanto el «principio de la definición» como el «principio de la causa de raíz», sigue siendo posible desviarse.

Cómo proteger la fase de definición del problema

Hay dos maneras de proteger esta fase del proceso de decisión frente a nuestros condicionantes predeterminados: crear un cortafuegos y utilizar el tiempo en tu favor.

> **SALVAGUARDA:** crea un cortafuegos con la resolución del problema. Separa la fase de definición del problema del proceso de toma de decisiones de la fase de resolución del problema.

Un mentor que tuve me enseñó que la mejor manera de evitar hallar la solución perfecta al problema equivocado en el trabajo, cuando el tiempo lo permite, es convocar dos reuniones aparte: una para definir el problema y otra para dar con la solución.

Los recursos más preciados de cualquier empresa son el tiempo y el talento de sus empleados más capacitados. No es fácil vender la idea de mantener dos reuniones separadas para dar con una solución que a todo el mundo le parece obvia. Pero vale la pena hacerlo. He utilizado esta salvaguarda durante muchos años y vi cómo personas que se caracterizan por tomar buenas decisiones de manera coherente la aplican reiteradamente. En cuanto empiezan a implementarla, descubren que mantener una única reunión para ambos fines solo las hace vulnerables a sucumbir a la convención social predeterminada, ya sea porque sus equipos proactivos apenas invierten un par de segundos en definir el problema y el resto de la reunión en intentar solucionarlo o porque todo el mundo empieza a sugerir soluciones de su versión del problema. En cualquier caso, la reunión no será tan fructífera como debería.

Cuando inviertes tiempo en entender el problema, te das cuenta de que tienes una sala llena de personas que manejan una información de la que tú no dispones. Una manera de acortar la duración de las reuniones y evitar que se repita información que todo el mundo conoce ya es preguntarles a los asistentes: «¿Qué saben de este problema que las demás personas presentes en esta sala no sepan?».

Esa pregunta hace que la gente piense. Dejan de lanzar al aire ideas que todo el mundo conoce y empiezan a explicar cómo conciben el problema.

Y de este modo no solo aprenden los unos de los otros, sino que acaban entendiendo el problema a un nivel más profundo, porque empiezan a contemplar (y, con suerte, a apreciar) distintas perspectivas. Más tarde, cuando convocan la segunda reunión, a menudo las soluciones resultan obvias para todos. Y como todo el mundo entiende el problema, cada persona sabe cómo proceder en su sección de la empresa para que este se solucione a nivel global, no solo para ellos. Una cita apócrifa que con frecuencia se atribuye al filósofo Ludwig Wittgenstein sintetiza esta idea como sigue: «Entender es saber qué hacer».*

La gente se mueve rápido en los entornos operativos. Si alargas demasiado el proceso de tomar decisiones, pierdes una ventana de oportunidad con fecha de caducidad. Pero estos entornos de ritmo acelerado son también un banquete para los condicionantes predeterminados. Tienes que ralentizar el tempo (aunque no demasiado) y emplear una combinación de razonamiento, principios y salvaguardas para asegurarte de que estás llegando a la mejor conclusión posible y pensando con claridad. Sondear y formular preguntas profundas desacelera el proceso lo suficiente para mejorar drásticamente las oportunidades de resolver el problema correcto.

Dejar espacio entre la definición y la solución de un problema también funciona a nivel personal. Concédete tiempo para aclararte sobre cuál es el problema antes de lanzarte a solucionarlo. A menudo, descubrirás que tu primer intento de definir el tema subyacente rara vez es el más acertado.

CONSEJO: recuerda que poner por escrito el problema hace visible lo invisible. Escribe cuál crees que es el problema y revisa lo que escribiste al día siguiente. Si descubres que usaste jerga especializada en la descripción, es una señal de que no entiendes bien el problema. Y si no lo entiendes, no deberías tomar una decisión.

---

* Varias personas le atribuyeron esta cita a Wittgenstein, pero una búsqueda en la base de datos de InteLex, tanto en sus escritos publicados como inéditos, revela que no aparece en ninguna parte. Quizá la cita más aproximada proceda del apartado 199 de sus *Investigaciones filosóficas*: «Entender una oración implica entender un lenguaje. Entender un lenguaje significa dominar una técnica».

Pasemos ahora a la segunda manera de proteger esta fase del proceso de toma de decisiones:

> **SALVAGUARDA:** haz la prueba del tiempo. Comprueba si estás abordando la causa de raíz de un problema en lugar de tratando meramente un síntoma preguntándote si resistirá el paso del tiempo. ¿Arreglará esta solución el problema de manera permanente o regresará el problema en el futuro? Si da la impresión de que ocurrirá lo segundo, es probable que solo estés tratando un síntoma.

Supón, por ejemplo, que el Downtown Dog Rescue de Los Ángeles hubiera intentado resolver su problema de hacinamiento poniendo en marcha una campaña de adopción de perros en primavera, en lugar de abordar una de las causas de raíz: la incapacidad de los amos de mascotas de seguir cuidando de sus perros. La campaña podría haber servido para reducir el número de perros refugiados en la protectora durante un tiempo, pero habría sido una solución temporal. Unos meses después, las instalaciones habrían vuelto a estar saturadas.

Las soluciones a corto plazo pueden tener sentido en el momento, pero a la larga no sirven. Tienes la sensación de estar progresando cuando, en realidad, estás avanzando en círculos. La gente gravita hacia ellas porque hallar una solución a corto plazo muestra al exterior que se están tomando medidas. Lo que opera en estos casos es la convención social predeterminada. Engaña a la gente para que confunda acción con progreso, la voz más altisonante con la correcta y la seguridad en uno mismo con la competencia. El tiempo acaba revelando que las soluciones a corto plazo son como tiritas que tapan problemas más profundos. ¡No te dejes engañar!

Puedes invertir tu energía en soluciones a corto plazo o a largo plazo, pero no en ambas. Toda energía canalizada hacia soluciones a corto plazo agota la energía que podría destinarse a hallar una solución a largo plazo.[2] En ocasiones, las soluciones a corto plazo son necesarias para crear espacio para soluciones a largo plazo. Pero asegúrate siempre de no estar apagando en el presente llamas que volverán a arder en el futuro. Cuando el mismo problema vuelve una y otra vez, la gente acaba agotada y desalentada porque nunca parece hacer progresos de verdad. Extingue el incendio hoy para que no te abrase mañana.

Estos principios, salvaguardas y consejos evitarán que sucumbas al capricho de la convención social predeterminada.

Explora las posibles soluciones

Una vez que tengas claro el problema, es hora de pensar en posibles soluciones, maneras de superar los obstáculos para lograr lo que te propones. La forma de dar con soluciones viables es imaginar distintos futuros posibles, distintas maneras de cómo podría ser el mundo.

Uno de los errores más comunes en esta fase del proceso de toma de decisiones es evitar las realidades brutales.

En su libro *Good to Great*, el autor Jim Collins narra la historia de su entrevista con el almirante James Stockdale. Durante la guerra de Vietnam, Stockdale fue el oficial militar estadounidense de mayor rango que estuvo recluido en el infame campamento de prisioneros de guerra Hỏa Lò (apodado sarcásticamente el «Hilton de Hanói»). Fue torturado más de veinte veces durante sus ocho años de encarcelamiento y jamás le indicaron su fecha de liberación, ni le dieron derechos como prisionero, ni ninguna certeza sobre si sobreviviría y volvería a ver a su familia.

Cuando Collins le preguntó a Stockdale por otros reos que no sobrevivieron al campamento, el almirante mencionó a los optimistas. «Eran los que decían: "En Navidades estaremos fuera". Y llegaban las Navidades y pasaban las Navidades. Y entonces decían: "En Semana Santa estaremos fuera". Y llegaba la Semana Santa y pasaba la Semana Santa. Y luego Acción de Gracias, y luego otra vez Navidad. Y murieron porque se les partió el corazón».

Tras una larga pausa, se volvió para mirar a Collins y añadió: «Es una lección muy importante. Nunca debe confundirse la fe en que al final prevalecerás, cosa que no puedes permitirte perder nunca, con la disciplina de confrontar los hechos más brutales de tu realidad presente, sea cual sea».[1]

Collins bautizó esta combinación de la fe en prevalecer con la disciplina de afrontar los hechos brutales con el nombre de «paradoja de Stockdale». Asegura que nunca olvidó la imagen de Stockdale reprendiendo a los optimistas: «En Navidades no estaremos fuera. ¡Afróntenlo de una maldita vez!».

Los problemas no desaparecen solos

Todos lidiamos con problemas difíciles. Los condicionantes predeterminados nos hacen adoptar una perspectiva reducida. Restringen nuestra visión del mundo y nos tientan a ver las cosas como queremos que sean, no como realmente son. Solo enfrentándonos a la realidad, a la verdad a menudo brutal de cómo funciona el mundo, conseguiremos los resultados que deseamos.

Lo peor que podemos hacer con un problema complejo es recurrir al pensamiento mágico, enterrar la cabeza en la arena y esperar a que el problema desaparezca por arte de magia o a que nos llueva una solución del cielo.

El futuro no es como el clima. No es algo que nos pase sin que podamos hacer nada. Damos forma a nuestro futuro con las elecciones que hacemos en el presente, de la misma manera que nuestra situación presente está modulada por las elecciones que hicimos en el pasado.

El punto en el que nos encontramos es un reflejo de las elecciones y los comportamientos pasados que nos trajeron hasta aquí. Si tenemos una relación feliz, podemos echar la vista atrás y ver los años de esfuerzo, comunicación, negociación, suerte y (posiblemente) terapia que nos condujeron hasta este punto. Si nos despertamos con ojos somnolientos y atolondrados, constatamos que el exceso de alcohol la noche anterior no nos dejó dormir bien. Si regentamos un negocio fructífero, podemos comprobar que racionalizar los recursos en los momentos oportunos o duplicar los esfuerzos en tiempos de incertidumbre contribuyeron al éxito actual.

Ojalá tuviéramos el beneficio de ver en retrospectiva para tomar hoy nuestras decisiones, ojalá pudiéramos ver el presente con el conocimiento y la claridad que tenemos sobre el pasado. El filósofo Søren Kierkegaard dijo una vez: «La vida solo puede ser entendida mirando hacia atrás, pero debe vivirse mirando hacia delante».

Por suerte, existe un modo de convertir la visión en retrospectiva de mañana en la visión de futuro de hoy. Se trata de un experimento mental que los psicólogos denominan *premortem.* El concepto no es nuevo, se origina en la filosofía estoica. Séneca utilizaba la *premeditatio malorum* («la visualización negativa») como preparación para los altibajos ineludibles de la vida. La idea no es preocuparse por los problemas, sino fortalecerse y prepararse para ellos.

Los mayores reveses son los que nos atrapan desprevenidos. Por eso necesitamos anticiparlos antes de que ocurran y actuar ahora para evitarlos.

Muchas personas creen que se les da mal resolver problemas cuando lo que verdaderamente ocurre es que se les da mal anticiparlos. La mayoría de nosotros no queremos pensar en más problemas: ya tenemos suficientes. Pensamos que, antes de que suceda algo malo, recibiremos una advertencia, que tendremos tiempo para prepararnos, que estaremos listos. Pero el mundo no funciona así.

Cosas malas les ocurren a buenas personas todo el tiempo. Nos despiden sin previo aviso. Tenemos un accidente de tráfico. Nuestro jefe entra en nuestra oficina y nos sermonea. Una pandemia se extiende por todo el mundo. Sin advertencias. Sin tiempo para prepararse.

Llevar a cabo un *premortem* tal vez no te salve de todos los desastres, pero te sorprenderá cuántos puede ahorrarte. Funciona de la siguiente manera.

¿Qué puede salir mal?

Imaginar qué podría salir mal no te convierte en un pesimista. Lo que hace es prepararte. Si no pensaste en las cosas que pueden salir mal, estarás a merced de las circunstancias.

Miedo, enojo, pánico... Cuando la emoción te consume, la razón te abandona. Y lo que haces es reaccionar.

El antídoto es este:

EL PRINCIPIO DEL MAL RESULTADO: no te limites a imaginar el resultado futuro ideal. Imagina qué podría salir mal y cómo lo superarías en caso de que ocurriera.

Si tienes una presentación ante la junta la semana que viene, imagina todos los aspectos que podrían salir mal. ¿Qué pasaría si la tecnología falla? ¿Y si no encuentran la presentación? ¿Qué hago si no consigo captar la atención del público?

No dejes nada al azar. Nada debería tomarte por sorpresa. Tal como dijo Séneca: «Por esta razón debemos preverlo todo, y considerar no lo que de ordinario ocurre, sino todo lo que puede ocurrir».[2]

Las adversidades no van precedidas de un aviso de dos minutos a modo de pausa para la publicidad a fin de que te prepares. Tienes que afrontar lo que suceda. Las personas capaces de tomar las mejores decisiones saben que en la vida hay contratiempos, y no son inmunes a ellos. Sencillamente no improvisan y reaccionan. Anticipan y elaboran planes de contingencia.

Y como están preparadas, su seguridad en sí mismas no se resquebraja. Al inversor de capital de riesgo Josh Wolfe le gusta decir: «El fracaso procede del fracaso de imaginar el fracaso».[3]

En conclusión: la gente que piensa qué puede salir mal y determina las acciones que podría adoptar tiene más posibilidades de éxito cuando las cosas no salen según lo previsto.

Una manera inteligente de evaluar tus opciones es aplicar:

EL PRINCIPIO DEL PENSAMIENTO DE SEGUNDO NIVEL: pregúntate: «¿Y luego qué?».

Cuando resuelves un problema, haces un cambio en el mundo. Ese cambio puede estar en consonancia con tus objetivos a largo plazo o no. Por ejemplo, si tienes hambre y te comes una barra de chocolate, habrás resuelto el problema inmediato del hambre, pero esa solución tiene consecuencias: el inevitable bajón de azúcar una o dos horas después. Si tu objetivo a un plazo más largo es ser productivo esa tarde, la barra de chocolate no es la mejor solución a tu problema inmediato.

Es cierto que por comer una barra de chocolate una vez no echarás a perder tu dieta o tu jornada. Pero repetir ese error de juicio aparentemente menor a diario durante toda tu vida no te pondrá en una posición óptima para el éxito. Las pequeñas decisiones suman. Por eso se requiere el pensamiento de segundo nivel.

Pensamiento de segundo nivel

En nuestro interior compiten constantemente nuestro yo actual y nuestro yo futuro.* Nuestro yo futuro quiere que hagamos elecciones distintas de las que nuestro yo actual

---

* Esta idea surgió de una conversación con mi amigo Chris Sparling.

quiere tomar. Mientras que tu yo de hoy se preocupa por conquistar el momento presente, tu yo futuro se preocupa por conquistar toda la generación. Cada una de estas personalidades ofrece una perspectiva distinta de los problemas. Nuestro yo futuro ve los beneficios o consecuencias de la acumulación de nuestras elecciones aparentemente insignificantes.

Puedes concebir el pensamiento de primer nivel como el de tu yo presente y el pensamiento de segundo nivel como el de tu yo futuro.

El pensamiento de primer nivel busca resolver los problemas inmediatos sin tener en cuenta los problemas futuros que puede ocasionar una solución. El pensamiento de segundo nivel contempla el problema de principio a fin. Proyecta más allá de la solución inmediata y pregunta: «¿Y luego qué?».* La barra de chocolate no se antoja tan tentadora cuando te formulas esta pregunta.

No puedes resolver un problema de manera óptima a menos que te plantees no solo si colma tus objetivos a corto plazo, sino también tus objetivos a largo plazo. No pensar en las consecuencias de segundo orden nos lleva, sin saberlo, a tomar malas decisiones. No tienes garantía de que tu futuro vaya a ser más fácil si solo piensas en resolver el problema actual y no analizas debidamente los problemas surgidos en el proceso. Esta idea resulta evidente cuando revisamos en retrospectiva la guerra de Estados Unidos en Afganistán.

---

* La primera vez que tropecé con esta idea se la oí a Garrett Hardin, que formula exactamente esta pregunta. Para ampliar la información *véase* «Three Filters Needed to Think Through Problems», *Farnam Street* (blog), 14 de diciembre de 2015, disponible en: https://fs.blog/garrett-hardin-three-filters/.

De acuerdo con un informe emitido por el inspector general especial para la reconstrucción de Afganistán:

> Muchas de las instituciones y de los proyectos de infraestructuras construidos por Estados Unidos eran insostenibles. [...] En un principio, cada kilómetro de carretera construido por Estados Unidos y cada funcionario a quien formaba se concibieron como un trampolín para nuevas mejoras, con el fin de permitir que el esfuerzo de reconstrucción acabara en algún momento. Pero el Gobierno estadounidense a menudo no garantizó que sus proyectos fueran sostenibles a largo plazo. Miles de millones de dólares invertidos destinados a la reconstrucción se malgastaron en proyectos que cayeron en desuso o que ni siquiera se utilizaron. La exigencia de efectuar progresos rápidos incentivó a los funcionarios estadounidenses a identificar y poner en práctica proyectos a corto plazo, sin tener en cuenta la capacidad del Gobierno anfitrión ni la sostenibilidad a largo plazo.[4]

Veamos ahora, en cambio, un ejemplo del principio del pensamiento de segundo nivel en acción. La cliente de un amigo, a quien llamaremos María, es una científica de datos con una formación en gran medida autodidacta.* Se abrió camino en el mundo de las *startups* hasta convertirse en una ejecutiva con un éxito razonable en una empresa

---

* Este ejemplo procede del curso Decision by Design.

tecnológica, donde pasó cinco años. De la noche a la mañana, la empresa quebró y su puesto desapareció.

Sus objetivos son continuar ganando el salario de un ejecutivo (unos 180 000 dólares anuales) trabajando desde casa y con un horario que le permita conciliar el trabajo con su familia. Idealmente, le gustaría trabajar para una empresa comprometida con la responsabilidad social. Tiene 100 000 dólares ahorrados y quiere encontrar un nuevo empleo en menos de dos años, pero puede esperar hasta cuatro. Actualmente tiene dos ofertas por un salario inferior al que aspira, y ninguna de las dos la estimula demasiado. Está planteándose volver a la universidad a cursar un máster con la esperanza de que le abra nuevas oportunidades laborales, pero sabe que no podrá compaginar los estudios con un empleo a jornada completa y su familia.

Consideremos ahora varias soluciones posibles. Entre las opciones de María figuran:

- Regresar a la universidad para hacer un máster.
- Aceptar uno de los empleos a jornada completa que le ofrecieron, con un salario de 90 000 euros anuales.
- Hacer trabajo de consultoría por su cuenta.
- Continuar buscando otras oportunidades de empleo a jornada completa.

Pensemos ahora en los resultados inmediatos de estas opciones:

- **Si María regresa a la universidad,** supondría tener que invertir alrededor de treinta horas semanales en hacer tarea relacionada con sus estudios. Eso implicaría poder destinar menos tiempo a su empleo remunerado o a su familia.

- **Si acepta uno de los empleos a jornada completa que le ofrecieron,** ganaría un salario y podría pagar las facturas. Sería muy inferior a sus expectativas, pero podría compensarlo ajustando su presupuesto y ahorrando para la jubilación.
- **Si hace trabajo de asesoría por su cuenta,** se enfrenta a multitud de imponderables. No sabe cuánta demanda de los servicios que ofrece hay ni cuánto puede cobrar por proporcionarlos.
- **Si continúa buscando empleos a jornada completa,** podría perder las dos ofertas que tiene. Necesita darles una respuesta en un plazo razonable.

Ahora que nos hacemos una idea de los resultados inmediatos de las opciones de María, es momento de aplicar el pensamiento de segundo nivel. Debemos plantearnos los resultados de estos resultados, la respuesta a la pregunta: «¿Y luego qué?».

Revisemos las distintas opciones aplicando el principio del mal resultado, planteándonos no solo el caso de que todo salga bien, sino el caso de que salga mal.

María regresa a la universidad:

- **Si sale bien:** consigue una beca, teje una red de contactos fantástica, desarrolla nuevas competencias y multiplica sus oportunidades. El nuevo problema en este caso será convertir esas nuevas habilidades en un empleo que la estimule y que esté bien remunerado.

- **Si sale mal:** no desarrolla nuevas competencias que se valoren en el mercado y, en el proceso, se endeuda. El nuevo problema en este caso será pagar las facturas, además de la deuda mientras busca un empleo más inasible incluso que antes.

Vemos que María necesita recabar alguna información adicional para determinar si regresar a la universidad es su mejor opción:

- Saber si puede optar o no por una beca.
- Saber si la universidad está bien conectada con el sector privado.
- Saber si en el mercado se está contratando a gente con las competencias que adquirirá y qué salarios se ofrecen.
- Saber cuánto tardará en ganar 180 000 dólares al año con las nuevas competencias que adquirirá.

María acepta uno de los empleos a jornada completa que le ofrecieron:

- **Si sale bien:** ganará menos de lo que quiere, pero hay margen para medrar en la empresa. En este caso, se presentan al menos tres problemas adicionales: (1) determinar cómo cerrar la brecha salarial y jubilarse cuando quiera, (2) determinar cómo ascender en la empresa y (3) hallar oportunidades fuera del trabajo para colmar su deseo de vincularse con la responsabilidad social.

- **Si sale mal:** tiene otro trabajo que no le apasiona y gana menos dinero del que quiere. En este caso, el nuevo problema no es nuevo: estará más o menos en la misma situación en la que se encuentra ahora, pero obteniendo ciertos ingresos.

He aquí la información adicional que María debe recabar para determinar si aceptar uno de estos empleos a jornada completa es su mejor opción:

- Sus posibilidades de que el trabajo acabe gustándole.
- Sus posibilidades de ascender en la empresa.
- Qué experiencia le aportará el empleo para poder buscar uno nuevo si así lo decide.
- Determinar si podrá regresar a la universidad y trabajar como consultora mientras desempeña este empleo.

María hace trabajo de consultoría por su cuenta:

- **Si sale bien:** podría acabar estableciendo su propio negocio, que le ofrecería una mayor flexibilidad. El nuevo problema en este caso será determinar cómo ampliar un negocio.
- **Si sale mal:** sus oportunidades como consultora son escasas y muy distanciadas entre sí, y deja pasar las ofertas de empleo. El nuevo problema en este caso

será determinar su siguiente movimiento. Estará en la misma posición en la que está ahora, pero con menos pista de despegue: tendrá menos tiempo para aceptar una oferta.

Ahora sabemos qué información adicional debe recopilar María para evaluar esta opción:

- Si en el mercado laboral están dispuestos a pagarle por sus conocimientos y competencias actuales.
- Cuánto están dispuestos a pagarle.

El ejemplo de María ilustra un aspecto importante acerca del pensamiento de segundo nivel: no solo nos ayuda a evitar problemas futuros, sino que, además, desvela información que necesitamos para tomar una mejor decisión, información que antes no sabíamos que necesitábamos. Es fácil repantingarse en la silla y pensar que la información adecuada vendrá en tu busca. ¡Pero no lo hará!

Cómo proteger la fase de exploración de soluciones

Ahora bien, el mero hecho de haberte planteado un par de soluciones no comporta que hayas eliminado tus puntos ciegos. El pensamiento binario se da cuando solo se consideran dos opciones de un problema. Cuando contemplas la primera opción, parece fácil: «Lanzamos el producto o no», «Acepto el nuevo empleo o no», «Nos casamos o no». Es blanco o negro: sí o no. No hay terreno intermedio, no hay matices grises.

Pero la mayor parte del tiempo, este tipo de pensamiento es limitante. Algunas decisiones pueden reducirse a elegir entre esto o aquello, pero a menudo hay otra opción. Las personas que toman las mejores decisiones lo saben y ven el pensamiento binario como una señal de que no entendemos completamente un problema, de que estamos intentando reducir sus dimensiones sin comprenderlo detenidamente.

Cuando empezamos a explorar un problema en detalle, las cosas se complican antes de entenderlo lo bastante bien para ver las alternativas.

Los novatos en la resolución de problemas procuran reducir una decisión a solo dos opciones porque crea la falsa sensación de que llegaron a la esencia del problema. En realidad, lo único que hicieron es dejar de pensar. ¡Y nunca hay que dejar de pensar! Los principiantes no consiguen ver las complejidades de un problema que resultan evidentes para un maestro. Los maestros ven la simplicidad oculta en la complejidad. Según escribió presuntamente Frederic Maitland en una ocasión: «La simplicidad es el resultado final de un largo y duro trabajo, no el punto de partida». Cuando reducimos el problema a soluciones de blanco o negro, tenemos que asegurarnos de actuar como maestros, no como principiantes.

Y eso nos lleva al siguiente principio para una resolución de problemas eficaz:

EL PRINCIPIO 3+: oblígate a explorar al menos tres soluciones posibles para un problema. Si te descubres sopesando solo dos, fuérzate a hallar al menos una más.

El marco binario es tan cómodo como pasivo. Esforzarse por añadir una tercera opción nos obliga a ser creativos y a hurgar de verdad en el problema. Incluso aunque no veamos esa tercera alternativa, forzarnos a concebirla nos ayuda a entender mejor el problema. Nos brinda más oportunidades de alinear nuestras decisiones con nuestros objetivos, nos ofrece más opciones en el futuro y aumenta las posibilidades de que, a largo plazo, nos sintamos satisfechos con la decisión que tomamos.

Existen dos salvaguardas frente al pensamiento binario. La primera es esta:

> **SALVAGUARDA:** imagina que una de las opciones no está sobre la mesa. De una en una, piensa en las opciones que te estás planteando y pregúntate: «¿Qué pasaría si esto no fuera posible?».

Supón que te estás planteando qué hacer acerca de un empleo en el que te llevas mal con un compañero. El pensamiento binario te dice que te quedes o que lo dejes. Imaginar que una opción no está sobre la mesa te obliga a plantearte el problema desde otra óptica. Imagina que, por algún motivo, no es viable dejar el trabajo: tienes que quedarte. Eso te obliga a contemplar la situación a través de un nuevo prisma. ¿Qué podrías hacer para que ir a trabajar a diario te resultara más agradable, pese al problema con tu compañero? ¿Qué podrías hacer para conservar tu empleo y seguir avanzando hacia tus objetivos? ¿Qué podrías hacer para generarte más opciones en el futuro y no sentirte atascado e impotente? Quizá conservar el empleo comporte mantener una conversación incómoda con tu jefe y tu compañero que aún no has tenido. Tal vez puedas pedir un traslado a otro departamento. O podrías plantearle a tu jefe la posibilidad de teletrabajar.

Ahora intenta contemplar esta solución al revés. Imagina que, por el motivo que sea, no tienes modo de conservar el empleo: tienes que irte. ¿Qué harías? ¿Telefonearías a antiguos clientes para comprobar si pueden echarte una mano? ¿Recurrirías a tu red de contactos para preguntarles si pueden presentarte en su empresa? ¿Perseguirías todas las posibilidades hasta conseguir un puesto mejor?

A veces no podemos hacer lo que queremos, como dejar un empleo que se volvió difícil de soportar. Pero eso no significa que estemos atrapados. Siempre podemos hacer algo para avanzar, para colocarnos en una mejor posición de conseguir más de aquello que queremos y menos de lo que no. Si no podemos dejar nuestro empleo, al menos podemos mejorarlo. Si no podemos quedarnos, podemos prepararnos para irnos. Reencuadrar el problema nos muestra el siguiente paso que debemos dar.

Recuerda: limitarnos al pensamiento binario antes de entender plenamente un problema es una simplificación peligrosa que crea puntos ciegos. Las falsas dualidades te impiden ver rutas alternativas y otra información que podría hacerte cambiar de opinión. Por otro lado, borrar del panorama dos opciones claras te obliga a reencuadrar el problema y desatascarte.

La segunda protección frente al pensamiento binario es la siguiente:

SALVAGUARDA: piensa en opciones «X y Y». Intenta dar con modos de combinar las opciones binarias. Contémplalas no en términos de tener que elegir entre X o Y, sino de contar con ambas cosas, con X y Y.

Roger Martin, exdecano de la Rotman School of Management de Toronto, se refiere a esta técnica como «pensamiento integrador».[5] En lugar de bregar con opciones binarias aparentemente opuestas, combínalas. Las opciones simplistas «X o Y» se convierten en opciones «X y Y». Puedes reducir el gasto y, al mismo tiempo, invertir en una mejor experiencia de cliente. Puedes conservar tu trabajo y acometer una actividad secundaria. Puedes cumplir con los accionistas y proteger el medio ambiente.

F. Scott Fitzgerald dijo en una ocasión: «La señal de una inteligencia de primer orden es la capacidad de tener dos ideas opuestas presentes en el espíritu al mismo tiempo y, a pesar de ello, no dejar de funcionar. Deberíamos ser capaces de contemplar cosas imposibles y, sin embargo, estar decididos a hacerlas posibles».

No obstante, a diferencia de Fitzgerald, yo no creo que debas tener una inteligencia de primer orden para dar con soluciones «X y Y». La capacidad para encontrar soluciones combinatorias no está reservada a las mentes privilegiadas. Es una habilidad que puede aprenderse y utilizarse; lo que ocurre es que es una competencia que no se enseña. La clave consiste en aprender a vivir con la tensión incómoda entre dos ideas opuestas el tiempo necesario para entender que existe una solución que combina los mejores aspectos de ambas. De eso va el pensamiento integrador.

Puede resultar complicado pensar de este modo, pero casi siempre es posible hacerlo. Un área en la que suele dársenos bien aplicar el pensamiento integrador es la planificación de las vacaciones. Preguntamos a todos nuestros acompañantes qué les gustaría hacer y buscamos un lugar que lo tenga todo. Por eso los complejos vacacionales y los cruceros ofrecen una larga lista de actividades: cuanta más variedad, más atractivo tienen para grupos con intereses variopintos. Los huéspedes de estos lugares rara vez tienen que afrontar la ardua decisión de elegir entre, por ejemplo, la playa y la piscina. Pueden disfrutar de ambas cosas.

Puedes aplicar este mismo tipo de pensamiento en otros ámbitos de tu vida, incluida tu carrera profesional. La solución a un empleo poco gratificante rara vez responde a una opción binaria de conservarlo o dejarlo, aunque a primera vista parezca que es así. Puedes conservar tu empleo y, en paralelo, empezar a buscar uno nuevo a través de tu red de contactos. Puedes postularte para nuevos empleos e ir a la universidad por las tardes para dotarte de nuevas competencias. Puedes poner en marcha un proyecto creativo y hacer más en tu empleo actual para conseguir el desahogo creativo que necesitas.

Roger Martin lo expresa del modo siguiente: «Los pensadores que aprovechan ideas contrapuestas para construir una nueva solución disfrutan de una ventaja intrínseca frente a los pensadores que solo son capaces de considerar un modelo cada vez». Y tiene razón. Quienes aplican un pensamiento integrador tienen ventaja y, además, tienden a conseguir una ventaja exponencial, porque se desembarazan de los modos de pensar tradicionales.

Pensemos en Isadore Sharp, el creador de la cadena de hoteles de lujo Four Seasons. La primera propiedad de Sharp era un hotel de carretera en una zona residencial de Toronto. La segunda fue un gran hotel de convenciones en el corazón de la ciudad. Cada propiedad representaba uno de los modos operativos convencionales de aquella época: apostar por un servicio a reducida escala y que ofreciera un trato personal, o bien por uno a gran escala que pusiera el foco en las prestaciones. La industria hotelera estaba atrapada en el pensamiento binario. En lugar de decantarse por una única opción, Sharp decidió combinar la intimidad de un hotel pequeño con los servicios de un hotel grande. Y en el proceso originó un nuevo modo de operar y una de las cadenas hoteleras de mayor éxito de la historia.

Nuestras vidas personales también se benefician de aplicar un pensamiento «X y Y». Por ejemplo, a menudo esperamos que nuestras parejas colmen al cien por cien nuestras necesidades emocionales. Pero eso es mucho pedir y muchos de nosotros experimentamos problemas en nuestras relaciones cuando, de manera inevitable, nos llevamos decepciones. No obstante, en lugar de preguntarte: «¿Deberíamos seguir juntos o dejarlo?», pregúntate: «¿Hay alguien más que pudiera satisfacer algunas de las necesidades emocionales que mi pareja no cubre? ¿Hay algún compañero con quien pudiera desahogarme en el trabajo? ¿Tengo algún amigo que comparta este interés o que se apuntaría a hacer este curso conmigo?».

Cuando pensamos en incorporar a personas a nuestra vida empezamos a plantearnos opciones «X y Y» a nivel personal. Y así, en lugar de emplear la típica solución binaria para las relaciones: «¿Deberíamos seguir juntos o dejarlo?», empezamos a pensar: «¿A quién más podría incluir en mi vida para colmar las necesidades que mi pareja no cubre?».

No es preciso dotarnos de un montón de alternativas, basta con unas cuantas realmente interesantes. Cuando te escuches decir «X o Y», significa que te estás internando por el angosto sendero entre la espada y la pared: una decisión binaria. Escarbar y forzarte a añadir alternativas creíbles te permite ver soluciones que tal vez habías pasado por alto.

Costos de oportunidad

Pensar mejor no consiste en llenarte la cabeza de respuestas a preguntas que te formulaste antes. Ni tampoco en memorizar qué hacer y cuándo. Y desde luego no consiste en dejar que otras personas piensen por ti. Se trata de ver más allá de lo obvio, de desvelar las cosas ocultas a simple vista.

El mundo real está lleno de compensaciones y compromisos, algunos de ellos evidentes y otros ocultos. Los costos de oportunidad son compromisos ocultos que a las personas que toman decisiones a menudo les cuesta evaluar. Cada decisión comporta al menos uno. Dado que no siempre podemos hacer todo lo que queremos, decantarnos por algo suele implicar renunciar a otra cosa. La capacidad de evaluar los compromisos ocultos es uno de los aspectos que diferencia a las personas capaces de tomar grandes decisiones del resto. Y es también un elemento nuclear del liderazgo.

Charlie Munger lo expresa así: «La gente inteligente toma decisiones basadas en los costos de oportunidad. [...] Lo que importan son las alternativas. Así es como tomamos todas nuestras decisiones».[6]

Mejorar nuestro pensamiento no solo implica conocer las respuestas a las preguntas que nos formulamos antes. Y tampoco consiste en memorizar una serie de acciones predeterminadas. No se trata de confiar en que otras personas piensen por nosotros. Se trata de profundizar, de traspasar el nivel superficial y desenterrar lo que queda oculto a nuestra vista.

Muchas personas se centran únicamente en qué pueden ganar si se decantan por una opción concreta, y olvidan tener en cuenta lo que pueden perder si renuncian a otra. La capacidad de evaluar estos costos es uno de los factores que separan a las personas capaces de tomar buenas decisiones del resto.

Uno de mis ejemplos favoritos de esto es una anécdota sobre Andrew Carnegie. Cuando Carnegie era joven y relativamente inexperto en su trabajo en la empresa ferroviaria Pennsylvania Railroad Company, se produjo un grave descarrilamiento que dejó varios vagones de tren atravesados en las vías y paralizó todo el sistema. El jefe de Carnegie estaba ausente, de manera que fue el propio Carnegie quien tuvo que decidir cómo gestionar el accidente. Quitar los vagones de las vías permitiría salvar gran parte del cargamento, pero sería una operación larga y costosa, e interrumpiría todo el tráfico ferroviario durante días. Carnegie concluyó que el costo del cargamento y los vagones no compensaba clausurar el sistema íntegramente durante varias jornadas. Envió una nota audaz firmada en nombre de su jefe: «¡Quemen los vagones!». Cuando el jefe de Carnegie conoció su decisión, la convirtió al instante en su método rutinario para tratar emergencias similares en el futuro.[7]

Tener en cuenta los costos de oportunidad es una de las cosas más eficaces que puedes hacer tanto en los negocios como en la vida. La manera óptima de explorar tus opciones es tomar en consideración todos los factores relevantes. Y no puedes hacerlo sin contemplar los costos de oportunidad.

Los dos principios siguientes guardan relación con los costos de oportunidad. El primero es:

EL PRINCIPIO DEL COSTO DE OPORTUNIDAD: ten en cuenta cuántas oportunidades estás descartando cuando eliges una opción frente a otra.

El segundo principio está íntimamente relacionado:

EL PRINCIPIO DE LAS TRES LENTES: contempla los costos de oportunidad a través de las tres lentes siguientes: (1) ¿En comparación con qué?, (2) ¿Y luego qué? y (3) ¿A costa de qué?*

La mayoría de nosotros aplicamos por defecto la primera lente porque los costos son directos y visibles. Por ejemplo,

---

* Concebí este principio combinando las ideas de Warren Buffett, Charlie Munger y Peter Kaufman.

plantéate que vas a comprarte un coche. Si eres como la mayoría de las personas, limitarás tu decisión a unas pocas opciones rápidamente: «El Tesla es superelegante y ahorra combustible, pero ¿sirve para viajes por carretera? Un BMW tiene una estética increíble y más espacio en la cajuela, pero ¿es un vehículo que utiliza combustible fósil? ¿Debería comprar un coche que vale 42 000 o 37 000 dólares?». Cuando comparamos ambos modelos, nos centramos en qué nos ofrecen esos 5 000 dólares adicionales en términos de prestaciones y nos olvidamos de contemplar la elección aplicando también las otras dos lentes.

Cuando observamos nuestras opciones a través de la segunda lente, tenemos en cuenta los costos adicionales que comportará seleccionar cada opción; por ejemplo, cómo tendremos que cargar el Tesla, sus costos operativos anuales previstos, su durabilidad y cuántos trayectos a larga distancia tenemos previsto hacer al año. Y cuando aplicamos la tercera lente, sopesamos qué más podríamos hacer con esos 5 000 dólares. ¿Estamos renunciando a unas vacaciones en familia? ¿Qué hay de los dividendos que podríamos conseguir si los invirtiéramos? ¿Cuánto podríamos ahorrarnos si los usáramos para amortizar la hipoteca? ¿Y qué hay del colchón que nos guardamos por si nos quedamos sin trabajo? Contemplar la decisión a través de las tres lentes nos ayuda a tomar una mejor decisión.

El dinero no es el único costo de oportunidad que debemos tener en cuenta. Simplemente es el más directo y visible, y por ese motivo es el que suele primar la gente. Se convencen de que lo que se aprecia a simple vista es lo importante. Sin embargo, en muchos casos, el valor real de evaluar los costos de oportunidad radica en entender los costos indirectos ocultos.

El tiempo no resulta tan fácil de ver como el dinero, pero es igual de importante. Supongamos que tu familia va a aumentar y es hora de mudarse de casa. Reubicarse en una zona residencial te permitirá tener una casa más grande, con un jardín más amplio para los niños, y será más barato que comprarte un dúplex más pequeño en el centro de la ciudad con un patio trasero del tamaño de un sello postal. Ante esta disyuntiva, mucha gente piensa en cuánto dinero se ahorrará mudándose al extrarradio y queda atrapada en el pensamiento feliz de cruzar el umbral de su nuevo hogar por vez primera. Pero este planteamiento contempla la situación solo a través de la primera lente. No revela los costos menos evidentes de vivir en una zona residencial. Cuando aplicamos las otras dos lentes, empezamos a apreciar esos costos con más claridad.

Apliquemos la segunda lente. Supón que adquieres una casa en una zona residencial. Pregúntate: «¿Y luego qué?». ¿Cómo cambiarán tus circunstancias si te decantas por esa opción? Para empezar, tus trayectos hacia y desde el trabajo pueden variar. Quizá se extiendan de media hora predecible a una hora y media impredecible.

Y ahora aplica la tercera lente. Pregúntate: «¿A costa de qué?». ¿Qué dejarás de poder hacer por estar invirtiendo esas dos o tres horas más al día en la carretera? ¿Pasarás menos tiempo con tus hijos y con tu pareja? ¿Qué te perderás por no estar con ellos? ¿Podrás utilizar esos trayectos para aprender un nuevo idioma o leer buena literatura o tendrás que lidiar con la frustración y el estrés de la carretera? Con el tiempo, ¿qué opción será mejor para tu salud física y mental?

> **CONSEJO:** Si te cuesta evaluar tus costos de oportunidad, a veces ayuda ponerles precio. Por ejemplo, ponerles precio a esas dos o tres horas extras que pasas al día yendo y viniendo del trabajo hará que te resulten más visibles y fáciles de valorar.

Aun así, ten en cuenta que poner precio a cosas cuyo valor cuesta evaluar es solo una herramienta. Y como toda herramienta, es útil para algunos trabajos, pero no para todos. Es un intento de hacer visible lo invisible. En ocasiones existen factores importantes a los que sencillamente no puedes ponerles precio sin distorsionar manifiestamente los sacrificios. Según dijo supuestamente Einstein: «No todo lo que puede contarse cuenta y no todo lo que cuenta puede contarse». Más adelante veremos que evaluar estos factores «de valor incalculable» es algo que las personas más avezadas tomando decisiones dominan.

Evalúa las opciones

Estudiaste en detalle algunas soluciones potenciales. Cada una apunta a un plan de acción que podría funcionar. Ahora debes evaluar las opciones y seleccionar la que tenga más probabilidades de facilitarte las cosas en el futuro. Debes tener en cuenta dos elementos: (1) tus criterios para evaluar las opciones y (2) cómo los apliques.

Cada problema tiene sus criterios específicos. Algunos de los más habituales son el costo de oportunidad, el retorno de la inversión (ROI, por sus siglas en inglés) y la probabilidad de obtener el resultado deseado, pero hay muchos otros. Cuando entiendas el problema, los criterios deberían ser obvios. Recientemente hice obras de remodelación. Algunos de mis criterios incluían la experiencia de los obreros, su disponibilidad, el ritmo de trabajo que habían demostrado en proyectos pasados y la calidad de su trabajo.

Si te cuesta determinar los criterios específicos, es señal de que o bien no entiendes de verdad el problema o no entiendes las características generales que supuestamente deben tener los criterios. Entre dichas características se cuentan las siguientes:

Claridad: los criterios deberían ser simples, claros y no formularse en jerga específica. Lo ideal sería poderlos explicar de manera que los entienda un niño de doce años.

Consecución de los objetivos: los criterios deben favorecer solo aquellas opciones que facilitan la consecución del objetivo deseado.

Determinación: los criterios deben favorecer claramente una opción; no pueden dar lugar a empate entre varias.

Los criterios que no cumplen estas condiciones suelen conducir a tomas de decisiones erróneas. Cuando los criterios son demasiado complejos, a las personas les cuesta saber cómo aplicarlos. Cuando son ambiguos, pueden interpretarlos como mejor les convenga. A resultas de ello, la gente acaba aplicando los criterios de modos distintos en función de sus intereses o de cómo se sienten en ese momento. Su proceso de toma de decisiones se convierte en un terreno de juegos para las reacciones emocionales predeterminadas.

Cuando se debe decidir algo en el trabajo, los criterios ambiguos o formulados en jerga suelen prestarse a debates infinitos sobre cuál es su significado. Damos por supuesto que todo el mundo entiende qué significan esas palabras o expresiones. Pero no es así. Asumimos que nuestras propias definiciones no cambiarán. Pero podrían hacerlo. Lo que una palabra como «estratégico» significa para una persona suele ser distinto de lo que significa para otra. En consecuencia, los criterios ambiguos restan a las personas encargadas de tomar decisiones capacidad para discernir quién tiene razón y quién se equivoca, y obligan a mantener debates acerca de la semántica, en lugar de sobre la mejor solución potencial.

En otras ocasiones, los criterios no facilitan el objetivo. En este caso lo que suele operar es la convención social predeterminada. Un ejemplo habitual es cuando los jefes toman decisiones acerca de contrataciones o ascensos basándose no en las cualificaciones de alguien, sino en si tiene una personalidad agradable. Ser agradable no es lo mismo que ser bueno en tu trabajo. Utilizar la agradabilidad como un criterio para tomar decisiones acerca del personal con frecuencia no facilita los objetivos de la empresa.

En otras ocasiones, los criterios pueden propiciar un objetivo equivocado y guiar a un equipo hacia algo cuya ejecución puede ser más rápida en lugar de hacia la solución más beneficiosa para la empresa a largo plazo. Un ejemplo trágico tuvo lugar en enero de 1986.

El despegue del transbordador espacial Challenger estaba programado en el plazo de unas pocas semanas. La NASA había estado intentando establecer el cohete espacial como un medio fiable de llevar a término misiones comerciales y científicas en el espacio, y adoptó un programa de lanzamientos sumamente ambicioso. La NASA se había coordinado con el presidente de los Estados Unidos

Ronald Reagan para lanzar el transbordador el mismo día en que él debía pronunciar su discurso sobre el estado de la Unión. El plan era que fuera un evento mediático espectacular, con escuelas de todo el país coordinadas para recibir las primeras lecciones en ciencia desde el espacio exterior.

Pero días antes del lanzamiento, durante una reunión previa al lanzamiento, ingenieros de Morton Thiokol, una de las empresas adjudicatarias del proyecto Challenger, acabaron a gritos y derramando lágrimas. Sabían que las temperaturas previstas para la fecha del lanzamiento probablemente fueran demasiado frías para que las juntas tóricas del transbordador funcionaran correctamente. Si las juntas tóricas fallaban, el resultado sería catastrófico. Pedían tiempo para arreglar el problema o esperar a que se dieran unas temperaturas más cálidas para el lanzamiento y suplicaron a la NASA que lo pospusiera. Sus súplicas fueron ignoradas. «Me consterna su recomendación», afirmó un oficial de la NASA. «¿Cuándo sugieren que procedamos al lanzamiento? ¿El próximo abril?», preguntó otro.[1] La mayoría de quienes vivimos en la década de 1980 recordamos qué sucedió a continuación: el Challenger explotó setenta y tres segundos después de despegar. Los criterios para decidir la fecha de lanzamiento evidentemente deberían haberse centrado en facilitar el objetivo de la seguridad, en lugar del apremio.

La inercia predeterminada también puede inspirarnos a adoptar criterios que no facilitan los objetivos. Por ejemplo, la alta dirección puede no ser consciente de que las condiciones del mercado cambiaron. En lugar de tomarse el tiempo necesario para entender las nuevas condiciones y ajustar sus criterios en función de estas, continúan aplicando los mismos que usaron en el pasado, pese a que dichos criterios ya no facilitan la consecución de los objetivos en el presente.

Asimismo, los criterios pueden no ser determinantes. Si no ayudan a acotar las opciones, no son útiles. Los criterios indeterminados son otro indicio de que no estás entendiendo el problema y estás actuando por miedo a equivocarte. La convención social predeterminada se apodera de las personas que se niegan a asumir la responsabilidad por los resultados o que no tienen una idea clara de lo que quieren.

Piensa, por ejemplo, en el momento de elegir un restaurante para cenar con un grupo de amigos. Algunos harán una sugerencia inicial, como cenar en un mexicano, e inevitablemente alguien dirá: «Yo cené en un mexicano ayer». Entonces alguien propondrá: «¿Por qué no vamos a un lugar de ensaladas?», y otra persona le contestará: «Yo con una ensalada me quedo con hambre». Y así seguirán hasta el aburrimiento: tus amigos continuarán diciendo lo que no se les antoja hasta que el grupo tenga tanta hambre que acabe decidiendo lo más conveniente. Fui testigo de esta situación tantas veces que resulta casi cómica. (¡Presta atención la próxima vez que te pase!).

El problema aquí es que, en muchos casos, los criterios puramente negativos no son decisivos: no acotan el campo de opciones a una. A resultas de ello, la gente acaba delegando la decisión final en la oportunidad o circunstancia. Y como dice el dicho: «Si no sabes adónde quieres ir, cualquier camino te llevará allí».

Supón, en cambio, que cuando estás decidiendo con tus amigos dónde comer, en lugar de indicar lo que no se les antoja, aclararan lo que sí:

- «Me gustaría ir a un lugar de ensaladas que esté a menos de diez minutos a pie de aquí».
- «Me gustaría ir a un restaurante donde haya hamburguesas».
- «A mí me da igual. Lo que quiero es cenar pronto».

Tomar la decisión debería ser mucho más fácil, y debería garantizar que más personas cenen lo que querían.

Definir lo más importante

No todos los criterios son equiparables. Pueden entrar en juego un centenar de variables, pero no todas serán igual de importantes. Cuando se tiene claro qué es lo importante, evaluar las opciones resulta más fácil. Muchas personas temen determinar el aspecto más relevante por temor a equivocarse.

Si no comunicas qué es lo más importante, lo único que conseguirás es que los demás sigan sin saberlo. Y necesitarán que resuelvas tú el problema. Y aunque eso puede hacerte sentir imprescindible e importante, la contrapartida es que invertirás tiempo en tomar decisiones que deberían estar tomando tus compañeros.

Muchos mánager disfrutan secretamente de ser el cuello de botella. Les deleita la sensación de que su equipo dependa de ellos. ¡Pero no te engañes! Lo que opera aquí es el ego predeterminado, y define el límite al cual puedes aspirar. Intenta convencerte de que eres el mejor, de que eres tan listo y tienes tantas capacidades y conocimientos que solo tú puedes tomar decisiones. En realidad, lo único que consigues es obstaculizar que el equipo ofrezca su mejor rendimiento.

Yo lo aprendí a las malas. Acababa de asumir el mando de un equipo y me sorprendió que me consultaran antes de tomar cualquier decisión, un patrón que había establecido su mánager anterior.

Para acelerar las cosas, se me ocurrió un sistema que los obligaba a clasificar las decisiones en tres categorías:

1. Decisiones que podían tomar sin mi intervención.
2. Decisiones que podían tomar tras exponérmelas para que yo diera el visto bueno a su razonamiento.
3. Decisiones que quería tomar yo en persona.

Pero el problema persistía.

Al cabo de unos pocos meses, se lo consulté a mi mentor.

—¿Saben cuáles son las decisiones que deberían tomar ellos y las que quieres tomar tú? —me preguntó—. ¿Están bien definidas las categorías?

—Sí —le respondí yo—; pero, debido a que es un trabajo de naturaleza operativa, si no estoy disponible, deben tomar decisiones de la tercera categoría sin mí. Y eso es lo que está ocasionando los mayores inconvenientes. Parecen incapaces de hacerlo.

—¿Saben qué es lo más importante? ¿El aspecto singular más relevante? —me sondeó.

—No estoy seguro de a qué te refieres —confesé yo—. El aspecto más importante es distinto en cada decisión —añadí e hice un listado de unos cuantos tipos de decisiones y de sus diversas variables.

—No me refiero a eso —repuso él—. ¿Saben qué es lo que más valoras?

Dudé.

Me miró fijamente a los ojos y me dijo:

—Shane, ¿sabes tú qué es lo que más valoras?

Me quedé observándolo atónito. Suspiró.

—El problema no lo tiene tu equipo. El problema lo tienes tú. No sabes qué es lo más importante. Y hasta que no lo sepas, tu equipo no podrá tomar decisiones sin ti. Es demasiado arriesgado para ellos determinar qué es lo más importante. Comunícaselo a tu equipo y serán capaces de tomar decisiones por sí mismos.

—¿Y si toman la decisión incorrecta?

—Mientras tomen una decisión basada en lo más importante, no se equivocarán. —Hizo una pausa y añadió, despacio—: Muchas personas se estancan en su trabajo porque no son capaces de determinar justamente eso.

Aquel día aprendí tres lecciones importantes. La primera fue que no podía esperar que mi equipo tomara decisiones de manera autónoma a menos que yo les dijera cómo quería que las tomaran. Eso implicaba centrarme en lo más importante y no asfixiarlos con centenares de variables que debían contemplar. En segundo lugar, que si tomaban una decisión teniendo en cuenta el aspecto más importante y resultaba ser incorrecta, no podía enojarme con ellos. En caso contrario, no volverían a tomar decisiones sin mí. Pero, tal vez, la más reveladora fuera la tercera lección: que ni yo mismo sabía qué era lo más importante. Por eso no podía comunicárselo.

Cómo proteger la fase de evaluación

Cada proyecto, objetivo y empresa tienen una única cosa más importante que todas las demás. Si barajas dos o más aspectos trascendentales, no estás pensando con claridad. Esta es una característica relevante del liderazgo y de la resolución de problemas en general: tienes que seleccionar un criterio por encima de todos los restantes y comunicarlo de manera que los demás lo entiendan para capacitarlos a tomar decisiones por sí mismos. En eso consiste el verdadero liderazgo. Tienes que ser claro acerca de qué valores deben aplicarse a la hora de tomar decisiones. Si te indico que lo más importante es la atención al cliente, sabrás tomar decisiones sin mí. Si tomas una mala decisión, pero priorizas al cliente, no puedo culparte. Hiciste lo que te pedí.

Sin embargo, saber identificar ese aspecto único requiere habilidad. Y práctica. Así es como puedes desarrollarlas.

Te recomiendo que utilices notas adhesivas para este ejercicio. Para empezar, anota un criterio en cada nota, algo que consideres importante a la hora de evaluar tus opciones.

Por ejemplo, antes de decidirme a invertir en Pixel Union, una de las mejores y mayores agencias de diseño del universo Shopify, anoté algunos criterios importantes para mí.

Entre ellos figuraban:

- Que fuera una inversión en la cual salieran ganando tanto los empleados como los clientes y los accionistas.
- Que expandiera el negocio, en lugar de reducirlo.
- Trabajar con personas de mi confianza.
- No tener que dirigir a personal o asumir más responsabilidades.
- No pedir dinero prestado.
- Tener una alta probabilidad de un retorno de la inversión decente.

Hay otras muchas, pero esto te permitirá hacerte una idea. Escribe solo un criterio en cada nota porque, a continuación, enfrentaremos tus criterios en una batalla.

Elige qué criterio consideras más importante y pégalo en la pared. Ahora toma otro criterio. Compáralos entre sí y pregúntate: «Si tuviera que elegir entre ambos, ¿cuál sería más importante?».

Para retomar mi ejemplo de la inversión en Pixel Union, la primera batalla podría ser: obtener un buen retorno de la inversión frente a no tener que gestionar equipos o asumir más responsabilidades.

Si tuviera que decantarme por uno solo, es decir, si para obtener un buen retorno de la inversión tuviera que dirigir un equipo, o si no dirigir un equipo comportara ganar menos, ¿qué elegiría? Yo elegiría ganar más dinero aunque eso comportara dirigir un equipo. Así que colocaría ese criterio en una posición más destacada.

Por supuesto, solo estaría dispuesto a dirigir un equipo hasta cierto punto. Si hacerlo me llevara demasiado tiempo, debería invertir el orden. Eso nos lleva al paso siguiente: añadir cantidades. Al confrontar tus criterios, descubrirás que las cantidades marcan la diferencia. Súmalas a cada criterio al cotejarlos.

Supongamos que yo esté dispuesto a invertir entre cinco y diez horas semanales adicionales a gestionar un equipo o a implicarme directamente para que mi retorno de la inversión sea de al menos un 20% anual. Si tuviera que invertir más de diez horas semanales, mi retorno debería ser de al menos un 25% anual y, si tuviera que invertir más de veinte horas, para mí dejaría de valer la pena, al margen del retorno previsto, por el costo de oportunidad de dicho tiempo.

Cuando hayas acabado de ordenar los dos primeros criterios, pasa al par siguiente. Avanza de arriba abajo, confronta tus criterios para determinar cuáles tienen prioridad y añade las cantidades oportunas al hacerlo.

Cuando la gente hace este ejercicio, acostumbra a contemplar un par de criterios y pensar: «No tengo por qué elegir entre estos dos». ¡Cotéjalos de todos modos! El objetivo no es tanto compararlos como determinar cuál es el más importante. Quizá en la vida real puedas satisfacerlos ambos; tal vez, por ejemplo, puedas obtener un buen retorno de la inversión en una empresa socialmente responsable o puedas ponerte en forma a la par que comes fuera de casa tres veces a la semana, o quizá puedas comprarte una casa en una buena ubicación que se ajuste a tu presupuesto. Sin embargo, con frecuencia, cuando nos decidimos a perseguir una opción, descubrimos que debemos dar prioridad a un criterio por encima del otro, aunque solo sea ligeramente. La mayor parte del tiempo, la batalla entre criterios consiste en calibrar tonos de gris. Es un ejercicio mental que te obliga a salir del modo reactivo y te acerca al pensamiento deliberativo.

Asignar valores cuantitativos a tus criterios suele ser de ayuda en este punto. Cuando empiezas a comparar cosas y a pensar en cuánto pagarás por ellas, independientemente de si el pago es en divisa de tiempo, dinero o inteligencia colectiva, vas aclarando qué tiene más relevancia para ti. Te obligas a pensar en términos de riesgos y beneficios, y empiezas a ver cosas que se te escapaban, y costos que hasta ahora eran invisibles se vuelven visibles. Por todos estos motivos, confrontar tus criterios te acerca a la objetividad y a la precisión y te ayuda a revelar qué consideras más importante.

Una vez que hayas establecido tus criterios y su orden de importancia, es momento de aplicarlos a las opciones. Para ello deberás tener información sobre dichas opciones que cumpla los dos requisitos siguientes: que sea relevante y precisa.

La mayoría de la información es irrelevante

A la hora de recabar información relevante para tomar la decisión, recuerda lo siguiente:

EL PRINCIPIO DEL OBJETIVO: tienes que saber qué buscas antes de empezar a filtrar la información.

Si no sabes lo que buscas, es poco probable que lo encuentres, de la misma manera que es poco probable que des en el blanco si no sabes adónde apuntas. Cuando uno no sabe qué es importante, se le pasan por alto cosas relevantes e invierte mucho tiempo en otras insignificantes.

La mayor parte de la información es irrelevante. Saber qué descartar, separar el grano de la paja, es clave para no perder un tiempo valioso. Piensa, por ejemplo, en decisiones de inversión. Los mejores inversores saben qué variables gobiernan probabilísticamente los resultados y les prestan atención. No desatienden todo lo demás, pero se concentran sobre todo en las variables que les permiten tamizar cantidades ingentes de información de manera muy rápida.

La gente capaz de diferenciar rápidamente lo que importa de lo que no es significativo tiene una enorme ventaja en un mundo donde el flujo de información nunca se detiene.

Saber qué descartar te permite concentrarte en lo importante. Sigue el ejemplo de los mejores inversores y descubre qué variables importan para evaluar las opciones antes de empezar a filtrar la información.

Obtener información precisa de la fuente

En cuanto a obtener información precisa, hay dos principios que deberías conocer: el principio HiFi y el principio HiEx. El primero te ayudará a obtener la información interna más importante en cualquier circunstancia y el segundo a obtener la información externa más importante.

EL PRINCIPIO HIFI: recaba información de alta fidelidad (HiFi), información lo más próxima posible a la fuente y que no esté filtrada por los sesgos e intereses de otras personas.

La calidad de tus decisiones está directamente relacionada con la calidad de tus pensamientos. Y la calidad de tus pensamientos está directamente relacionada con la calidad de tu información.

Muchas personas tratan todas las fuentes de información como si fueran igual de válidas. Pero no lo son. Aunque puedes valorar conocer la opinión de todo el mundo, eso no implica que todas las opiniones tengan el mismo peso ni deban tenerse en idéntica consideración.

Gran parte de la información que consumimos es en forma de destacados, resúmenes o síntesis. Es una ilusión de conocimiento. Sabemos la respuesta, pero no podemos demostrar cómo llegamos a ella.

Piensa en lo que ocurre cuando consultas con un nutricionista. Los nutricionistas acumulan años de experiencia y conocimiento y los comprimen en una lista de alimentos que debes comer y de hábitos que debes adoptar. Si solo quieres la respuesta, te dirán qué comer y en qué cantidad. Pero esto es una abstracción, es como si volvieras a estar en clase de matemáticas de sexto de primaria copiando las respuestas de tu compañero de al lado. Claro que escribirás la respuesta correcta, pero no sabrás por qué lo es. Te falta comprensión, y la información sin comprensión es peligrosa.

Es natural pensar que estas abstracciones nos ahorrarán tiempo y mejorarán nuestra capacidad de tomar decisiones; pero, en muchos casos, no será así. Leer un resumen puede ser más rápido que leer un documento completo, pero se pierden muchos detalles, detalles que la persona que resumió la información no consideró importantes, pero que podrían tener relevancia para ti. Y acabas ahorrando tiempo a costa de perder información interesante. Filtrar de manera inconsciente crea puntos ciegos.

La información es alimento para la mente. Lo que aprendas hoy da forma a tus soluciones de mañana. Y de la misma manera que eres responsable de la comida que te llevas a la boca, lo eres de la información que penetra en tu mente. No puedes estar sano si comes comida basura cada día, y no puedes tomar decisiones si consumes información de baja calidad. Una información de mejor calidad comporta resultados de mejor calidad.

El deseo de hacer abstracciones es comprensible. El bombardeo de información al que estamos sometidos a diario puede resultar abrumador. Pero cuanto más alejada esté la información de la fuente original, más filtros habrá pasado antes de llegar a ti. Alimentarse a base de extractos es como alimentarse a base de comida basura: tiene menos valor nutricional, o menos contenido en el caso de la información, lo cual comporta que no aprendes tanto.

El conocimiento real requiere esfuerzo, mientras que las abstracciones son solo cosas que tomamos prestadas. Con frecuencia, las personas que toman decisiones obtienen su información y observaciones de fuentes que se encuentran a múltiples grados de separación del problema. Confiar en estas abstracciones es un terreno abonado para que el ego predeterminado haga de las suyas. Genera la ilusión de conocimiento: nos sentimos seguros acerca de qué hacer sin entender de verdad el problema.

No se pueden tomar buenas decisiones con mala información. De hecho, cuando ves a alguien tomar decisiones que para ti carecen de sentido, lo más probable es que se basen en una información distinta de la que tú consumiste. De la misma manera que la comida basura acaba por afectar a tu salud, la mala información genera malas decisiones.

¿Cómo podemos obtener información más adecuada?

La persona más próxima al problema a menudo es la que más información tiene sobre este. Lo que le suele faltar es una perspectiva más amplia. La persona que trabaja en primera fila en McDonald's sabe cómo arreglar un problema recurrente en su restaurante mejor que una persona que se limita a analizar datos. Lo que no sabe es cómo encaja su solución en el panorama global. Desconoce si ese problema se da en todos los locales o si la solución haría más mal que bien si se implementara a escala general, y tampoco sabe cómo exponerle la idea a todo el mundo.

Mi amigo Tim Urban tiene una buena metáfora para explicar este concepto. En el negocio de la gastronomía están los chefs y los cocineros.[2] Ambos son capaces de seguir una receta. Cuando todo va según lo previsto, no existe diferencia ni en el proceso ni en el resultado. Pero cuando algo sale mal, el chef sabe por qué. El cocinero a menudo lo desconoce. El chef profundizó en sus conocimientos a lo largo de años de experiencia, experimentación y reflexión y, a resultas de ello, tiene más capacidad que el cocinero para diagnosticar los problemas cuando afloran.*

La historia demuestra que los mayores pensadores utilizaban información que recopilaban personalmente. Obtenían sus conocimientos con esfuerzo, ya fuera en las trincheras de la experiencia o mediante el estudio atento de modelos. Buscaban información de primera mano, sin filtrar, y se aventuraban a salir al mundo para interactuar con él en persona.

Leonardo da Vinci es un magnífico ejemplo. Durante toda su vida escribió diarios en los que anotaba cómo se las ingeniaba para obtener la información oportuna. Anotó cosas como: «Solicítale al maestro de aritmética que te muestre la cuadratura de un triángulo» y «Consulta a un maestro de hidráulica cómo reparar una esclusa, un canal y un molino a la manera lombarda».

Los grandes pensadores entienden la importancia de la información de alta calidad, y que las abstracciones de terceros a menudo tienen una utilidad limitada.

A medida que la información va ascendiendo de nivel en una empresa, tiende a perder calidad y matices. Piensa en el juego infantil del teléfono descompuesto: le susurras al oído una frase a la persona de al lado, ella se la susurra a la que tiene a su vera, y así sucesivamente; cuando la información pasó por el filtro de media clase, el mensaje no se parece en nada a la frase original. Ninguna persona en

---

* Esta es también la idea de Nassim Taleb de la dependencia del ámbito, que se da cuando conocemos la respuesta, pero no somos capaces de entender cómo resolver las cosas que no funcionan o de aplicar nuestro conocimiento a los problemas que parecen iguales, pero que no son exactamente idénticos.

concreto lo modifica mucho necesariamente; pero, cuantas más personas lo filtran, más pequeños cambios se acumulan. Lo mismo sucede cuando la información se transmite a través de una empresa. Pasa por múltiples filtros, incluidos varios niveles individuales de comprensión, interpretación política y sesgos. Se extraen detalles del original y la señal se pierde. Los diversos incentivos que las personas tienen cuando comunican información acaban complicando aún más las cosas.

El problema no es ya que las personas sean transmisoras de información poco fiables, sino las limitaciones en la información que las abstracciones pueden representar. Imagina un mapa de carreteras. Se trata de una representación abstracta de un paisaje real. El paisaje incluye rocas, plantas, animales, ciudades, viento y meteorología, además de muchas otras cosas. No las representamos todas en el mapa al cartografiar el paisaje, solo aquellas que nos interesan, por ejemplo, las carreteras, los ríos y las fronteras geográficas. Extraemos todos estos rasgos del original y los representamos de tal modo que sobresalgan. (Eso es de hecho lo que significa la palabra «abstraer»: «resumir», «extraer»).

Eliminar aquello que no nos interesa es lo que hace que el mapa nos resulte útil. Pero en algún punto del proceso alguien decidió qué es útil y qué no responde a sus intereses. ¿Qué ocurre si a nosotros nos interesa otra cosa? ¿Qué pasa si nos interesan las densidades de población o los estratos geológicos? Un mapa de carreteras no está diseñado para destacar estos conceptos, de manera que no tendrá utilidad para nosotros.

Y lo mismo que sucede con los mapas ocurre con otro tipo de abstracciones: por naturaleza, están diseñadas para servir a los intereses de quienes las diseñan. Y si no compartes intereses con esas personas, sus abstracciones no te aportarán la información que necesitas. Del mismo modo, cualquier información que puedas obtener de una fuente de segunda mano probablemente estará filtrada por los intereses de esa fuente. Y dado que es probable que tus intereses sean distintos de los suyos, sus resúmenes, destacados y descripciones seguramente obviarán información relevante que podría ayudarte a tomar tu decisión.

Yo entendí la importancia de contar con la información precisa trabajando para el director ejecutivo de una gran empresa. Nada llegaba a su mesa sin pasar primero por la mía. Una mañana, bien temprano, vi un correo electrónico de uno de sus subordinados directos que alertaba sobre un problema técnico que estaba afectando a las operaciones. Cuando le expliqué al director lo que sabía de aquel problema, me formuló una única pregunta: «¿De dónde sacaste la información?». Le respondí que del vicepresidente que estaba a cargo de aquel departamento. Puso cara de decepción. Siguieron unos instantes en silencio.

Finalmente me dijo, con voz queda, que sus decisiones solo serían acertadas en la medida en que su información fuera acertada.

No estaba obteniendo información HiFi de primera mano. Sabía que había gente en la empresa que tenía motivos para transmitir la información de tal manera que se maquillaran los errores o les hiciera quedar bien. Y sabía que esos filtros, más que ayudar a esclarecer la situación, la ensombrecían.

Si quieres tomar mejores decisiones, necesitas tener información mejor. Siempre que sea posible, tienes que aprender algo, ver algo o hacer algo en persona. A veces, la mejor información es la más difícil de transmitir.

La información HiFi revela mejores opciones

El general estadounidense George Marshall era un líder altruista y sumamente competente. Nunca dejaba el bienestar de sus tropas a la suerte. Valoraba la información HiFi y siempre consultaba directamente a la fuente.

En un momento dado, durante la Segunda Guerra Mundial, el Departamento la Guerra tuvo que lidiar con una situación difícil en las Fuerzas Aéreas del Pacífico: los pilotos se negaban a volar. Los informes que Marshall recibió sugerían que había algún fallo en los aviones. No se trataba de un problema de piezas. Estaban recibiendo todas las piezas que pedían. Marshall preguntó si los pilotos habían solicitado que se introdujera alguna modificación en las aeronaves. Los aviones estadounidenses eran más pesados y difíciles de maniobrar que los cazas Zero japoneses, de manera que Marshall pidió que despojaran un avión de su blindaje para reducir su peso. Pero aquel tampoco era el problema. Los pilotos no querían que les quitaran el blindaje a los aviones.

Por más que se esforzaba, Marshall no entendía qué sucedía. Hablar con el comandante no le aclaraba la situación, así que hizo lo que hacía a menudo: «Echar un vistazo alrededor y ver las cosas de las cuales no se informaba, no solo las que se transmitían a gritos».

A nadie le gusta esa persona que envían desde la sede central para comprobar qué sucede, ni al comandante ni al cocinero. Todo el mundo es sospechoso. Pero Marshall necesitaba ojos y orejas sobre el terreno para llegar al *quid* de la cuestión. Sabía que solo obtendría respuestas acudiendo directamente a la fuente.

Lo que desveló el informante directo de Marshall fue que las tripulaciones de tierra de las Fuerzas Aéreas carecían de protección frente a los mosquitos. Tenían que trabajar en los aviones de noche, con focos eléctricos, los cuales atraían a los insectos, y los mosquitos los estaban devorando. Los mecánicos estaban tan enfermos de malaria o tan dopados a base de medicación antimalárica que los pilotos no confiaban en su trabajo y se negaban a volar.

En el cuartel general, en las zonas protegidas de mosquitos, el personal no tenía ni idea de lo que ocurría realmente sobre el terreno. Estaban concentrados en los suministros bélicos, en la munición, los recambios y el alimento, pero no en proporcionar mosquiteras. Sin embargo, a raíz de aquella información HiFi, Marshall decidió anular una parte del tonelaje que habían reservado para los suministros de combate y enviar mosquiteras. ¡Problema resuelto!

Marshall había identificado que la única manera de entender un problema y solucionarlo era acudir directamente a la fuente. Solía visitar las líneas del frente en persona o, bien, enviaba a personas de su confianza para averiguar qué estaba pasando realmente.[3]

Cómo asegurarte de obtener información HiFi

Ahora que ya eres consciente de la importancia de la información HiFi, debes aplicar estas salvaguardas para asegurarte de obtenerla siempre.

> **SALVAGUARDA:** haz un experimento. Prueba algo para comprobar qué tipos de resultados obtienes.

Un experimento es una estrategia de bajo riesgo para recopilar información relevante. Por ejemplo, si quieres saber si las personas pagarán por algo, intenta venderlo antes de crearlo siquiera. Es lo que hicieron mis amigos de Tuft & Needle. Fueron una de las primeras empresas en enviar colchones de espuma directamente a los hogares de los consumidores. Un día, mientras nos tomábamos un café, me explicaron una historia increíble acerca de sus inicios. Con el fin de validar su idea, crearon una página web, compraron unos cuantos anuncios en Facebook y empezaron a aceptar pedidos. Entonces ni siquiera tenían un producto o una empresa; solo querían comprobar si el público les compraría colchones de espuma. Tras un par de días recibiendo pedidos, contaban con toda la prueba que necesitaban de que la gente compraría su producto. Devolvieron el importe de todos los pedidos y pusieron en marcha oficialmente su empresa. Si bien este ejemplo puede salirse un poco de la ortodoxia, un experimento puede contribuir a determinar si hay suficiente demanda para un producto o servicio de muchas maneras.

SALVAGUARDA: evalúa las motivaciones e incentivos de tus fuentes. Recuerda que todo el mundo ve las cosas desde una perspectiva limitada.

Evaluar las motivaciones y los incentivos de las personas es especialmente importante cuando no se tiene la capacidad de confirmar algo por uno mismo. Si no te queda más remedio que confiar en la información y las opiniones de otras personas, es tu responsabilidad pensar en la lente a través de la cual observan la situación. Todo el mundo tiene una perspectiva limitada del problema. Todo el mundo tiene un punto ciego. Es tu trabajo, como encargado de tomar la decisión, entretejer su perspectiva con otras para acercarte más a la realidad.

Gran parte de lo que la gente considera información o hechos en realidad son solo opiniones, o unos cuantos datos mezclados con muchas opiniones. Por ejemplo, si te dispones a vender tu casa, cada parte implicada tendrá una idea distinta de lo que conseguirás con la venta: el banco, tu agente de la propiedad inmobiliaria, el API del comprador, tus amigos, el inspector de viviendas, internet y el Gobierno. Cada uno de ellos solo verá parte de la situación. Y cada uno tendrá sus propias motivaciones e incentivos, que modularán su manera de contemplar el mundo. Para obtener una imagen más clara de la realidad concreta, piensa en qué beneficio obtendrá cada persona de la información que te dé y entrelaza todas las perspectivas.

Va bien pensar en la perspectiva de cada persona como la lente a través de la cual observa el mundo. Cuando te pones sus lentes, ves lo que ve cada persona y entiendes mejor lo que podría estar sintiendo. Ahora bien, esos lentes tienen puntos ciegos, a menudo omiten información importante o confunden los hechos con opiniones. Probándote todos los lentes, verás lo que se pierde cada cual.

Cuando obtienes información de otras personas, necesitas tener una mente abierta. Eso significa reservarte tu propia opinión en la medida de lo posible. A menudo, la gente socava el proceso de recopilación de información sometiendo a los demás a sus juicios, creencias y perspectiva. Pero el objetivo no es estar de acuerdo o en desacuerdo. Juzgar a las personas y decirles que se equivocan solo hace que se cierren e impide la libre circulación de información. Cuando recopilas información, tu misión es ver el mundo a través de los ojos de otras personas. Lo que pretendes es entender su experiencia y cómo la procesaron. Puedes obtener información valiosa incluso sin estar de acuerdo con su visión del mundo. Basta con que formules preguntas, te guardes tus pensamientos para ti y tengas curiosidad por las perspectivas de los demás.

> **SALVAGUARDA:** cuando obtengas información de otras personas, formula preguntas que generen respuestas detalladas. No les preguntes qué opinan, pregúntales cuál es su razonamiento.

Si le preguntas a alguien qué hacer en una situación determinada, tal vez obtengas la respuesta correcta, pero no habrás aprendido nada. Pongamos que un grupo de trabajo de un gobierno local necesita contratar a un programador de *software* para un proyecto, pero no tiene experiencia haciéndolo y no sabe qué buscar. La persona A del grupo de trabajo le consulta a un amigo que es programador: «¿A quién debería contratar para este proyecto?». La persona B hace lo mismo; pero, en lugar de eso, pregunta: «Tenemos que contratar a un programador y me gustaría aprovechar tu experiencia. ¿Qué habilidades importan y cuáles pueden aprenderse en el trabajo? ¿Por qué? ¿Dónde puedo encontrar a los mejores? ¿Cómo puedo poner a prueba sus habilidades?», etcétera.

La persona B tal vez no obtenga una recomendación durante la primera conversación, pero apostaría lo que sea a que seguramente encuentra un mejor candidato al final. El motivo: la persona B está preguntando por los principios que guían la toma de decisiones en este ámbito, no por detalles acerca del caso específico. Está preguntando a otras personas acerca del conocimiento que adquirieron y lo está haciendo suyo.

Nuestro objetivo al tomar decisiones no es solo recopilar información, sino recopilar información relevante para nuestra decisión. Y eso exige algo más que componer un inventario de puntos colectores de información; requiere entender el porqué y el cómo subyacentes a esos puntos colectores de información, es decir, los principios que aplican las personas que toman buenas decisiones en este ámbito.

Para llegar a esos principios es imprescindible realizar las preguntas oportunas. A continuación recojo las tres que yo recomendaría:

Pregunta 1: ¿Cuáles son las variables que usarías para tomar esta decisión si estuvieras en mi piel? ¿Cómo se relacionan esas variables entre sí?

Pregunta 2: ¿Qué sabes acerca de este problema que yo u otras personas no sepamos? ¿Qué ves con base en tu experiencia que otra persona sin tu experiencia no sea capaz de ver? ¿Qué sabes que a la mayoría de las personas se les escapa?

Pregunta 3: ¿Cuál sería tu proceso para tomar la decisión si estuvieras en mi piel? ¿Cómo lo pondrías en práctica? (O: ¿Cómo le explicarías a tu madre o a un amigo cómo ponerlo en práctica?).

Date cuenta de cuánto se diferencian estas preguntas de la típica: «Tengo este problema. ¿Qué debería hacer?». Recuerda: las preguntas que formulas para pedir ayuda determinan la calidad de la información que obtienes.

Cómo obtener información precisa de expertos

Hablamos acerca de la importancia de obtener información de alta fidelidad. El segundo principio para obtener información precisa es obtener información de alta especialización:

EL PRINCIPIO HIEX: obtén información de alta especialización (HiEx) procedente tanto de personas con muchos conocimientos y con mucha experiencia en un ámbito específico como de personas con conocimientos y experiencia en muchos ámbitos.

Cuando no tengas la posibilidad de acceder a alguien que conozca el problema de cerca, busca a personas que hayan solucionado recientemente un problema similar. El término «recientemente» aporta un matiz importante en este caso. Cuando solicites un consejo específico a un experto, busca a alguien que haya resuelto hace poco un problema como el que estás intentando solucionar. Pedirle ayuda a alguien que resolvió tu mismo problema hace veinte años seguramente no te ofrezca un conocimiento específico y eficaz. Necesitas a un experto actual…, y no, no me refiero a los comentaristas que salen en televisión, porque rara vez son expertos de verdad.

Los expertos pueden mejorar la precisión de tu información y reducir el tiempo que tardas en obtenerla. Conseguir siquiera el consejo de un solo experto puede eliminar mucha confusión y ayudarte a formular y/o eliminar rápidamente opiniones.

Yo aprendí el valor de los consejos expertos de primera mano cuando empecé a codificar en la agencia de inteligencia. Era una experiencia muy distinta de la codificación que había aprendido hasta entonces. En la escuela, básicamente, podíamos *googlear* las cosas y unir las distintas piezas. La gente había resuelto nuestros mismos problemas hace mucho tiempo y las soluciones no habían cambiado demasiado. Mi trabajo en la agencia de inteligencia era mucho más arduo. No solo teníamos prohibido buscar en Google lo que estuviéramos codificando, por motivos de seguridad, sino que, incluso aunque nos hubieran permitido hacerlo, no habría servido de nada, porque intentábamos hacer cosas que nadie había hecho antes.

Al cabo de unos meses de mi incorporación, me quedé atascado en un problema. Atascado de verdad. De niño solía contemplar los problemas desde múltiples perspectivas; pero, al final, siempre me convencía de que, si me concentraba y me esforzaba más, daría con la solución. Transcurrieron días. Y luego semanas. No entendía lo que sucedía. Finalmente, apenado, me acerqué a alguien que había trabajado en un problema similar antes y le expliqué que estaba apurado.

«Déjame echarle un vistazo a tu código», me dijo. En menos de veinte minutos había diagnosticado el error: existía una sutil diferencia entre lo que la documentación decía que sucedería y lo que realmente sucedía en algunos casos extremos. Dado que la mayoría de las personas no solía bregar con tales casos extremos, el problema no estaba documentado en ninguna parte. Pero aquel compañero había tenido que lidiar con aquel mismo problema con anterioridad y le había llevado mucho tiempo solucionarlo. Y le alegró poder compartir aquellos conocimientos que tanto esfuerzo le había costado adquirir. Si bien me frustró un poco haber malgastado semanas de obstinación, aquel intercambio marcó el inicio de nuestra relación y, a lo largo de los años, aprendí mucho de él.

Incluso la opinión de un solo experto puede ser más útil que los pensamientos y las especulaciones de docenas o centenares de aficionados. Pero ¿cómo puedes reclutar a un experto para que colabore contigo?

Yo he experimentado con ambas caras de los consejos de experto: los he recibido tanto como los di. Busco ayuda de expertos multitud de veces y hay miles de personas que me solicitan consejo a mí. Permíteme compartir contigo lo que he aprendido tanto de reclutar expertos como de trabajar con ellos.

Cómo pedir ayuda a expertos

Mucha gente prefiere no pedir ayuda a expertos, porque ni siquiera se plantea que sea una opción viable o tiene miedo a ser un incordio. A ello se suma que, si conocemos al experto, puede avergonzarnos que descubra que sabemos menos de lo que cree.

Si tienes preocupaciones de esta índole, lo primero que debes entender es que a los expertos les encanta compartir sus conocimientos cuando saben que servirán para algo. Ayudar a otras personas a alcanzar sus objetivos es una de las cosas que dan sentido a la vida y al trabajo. Para ponerlo en perspectiva, piensa en algún momento de tu vida en que alguien te haya pedido ayuda sobre algo en lo que destacas y se la hayas proporcionado. ¿Cómo te sentiste? A la mayoría de las personas, compartir nuestra experiencia nos hace sentir bien. Disfrutamos ejerciendo una habilidad que tenemos, y también obteniendo reconocimiento por ello.

Ahora bien, los expertos no tratan todas las solicitudes de ayuda por igual. Recibir algunas de ellas provoca incomodidad. Normalmente, son peticiones del tipo «dígame qué debo hacer». A menudo, las personas no invirtieron el tiempo suficiente en algo y lo que pretenden es que decidas por ellas. Yo recibo centenares, si no miles, de solicitudes de este tipo al año. Solicitudes de gente que me pide que resuelva problemas por ella. Me envían veinte páginas de pensamientos y me preguntan: «¿Qué debería hacer?».*

Recuerda: el objetivo no es que alguien te diga lo que tienes que hacer, sino aprender cómo plantea un experto el problema, qué variables considera relevantes y cómo interactúan dichas variables a lo largo del tiempo. Si expones un problema y un experto se limita a decirte lo que tienes que hacer, solo te está proporcionando una abstracción. Tal vez obtengas la respuesta correcta, pero no habrás aprendido nada. Y si las cosas salen mal, que es lo que inevitablemente acabará pasando, no tendrás ni idea de por qué. Eres el cocinero de batalla fingiendo ser chef. Para ahondar en tu comprensión del problema debes preguntarle al experto cómo se lo plantea.

Hablemos ahora de cómo abordar a un experto de tal manera que tu solicitud destaque y lo estimule ayudarte. Te daré cinco consejos:

- **Demuestra que te esforzaste al máximo:** cuando pidas ayuda a un experto, déjale claro el tiempo, la energía y el dinero que ya invertiste en el problema. Hazle saber que trabajaste en él y que estás atascado. Cuando yo recibo alguna solicitud de personas que me demuestran que intentaron solucionar un

---

* Ten en cuenta que esto nunca funciona. Si no eres capaz de aportar valor y sintetizar tu problema en unas cuantas frases, ni siquiera lo leeré.

problema y que realizaron indagaciones para hacer una propuesta relativa a un aspecto muy específico en el que yo puedo ayudarlas, no solo me alegra contestar, sino que lo hago con mucho gusto. Contrasta eso con correos electrónicos que dicen: «Hola, Shane, ¿qué piensas de esta oportunidad de inversión?». ¿Cuál crees tú que me estimulará más responder?

- **Formula una pregunta precisa:** sé muy claro acerca de lo que buscas. ¿Te interesa que revisen tu plan y te den su opinión? ¿Quieres que te presenten a personas que puedan resolver tu problema? Sea lo que sea que necesites, déjalo claro.

- **Demuestra respeto por su tiempo y energía:** mencionar explícitamente que la persona a quien estás pidiendo consejo es un experto cuyo tiempo y energía respetas te ayudará a ganarte su simpatía. Pero también debes demostrarle tu respeto. Por ejemplo, no le pidas quince minutos para sacarle información; en lugar de eso, pregúntale si ofrece sesiones de asesoría personales y cuánto te cobraría. Los expertos son caros y la mayoría de las veces existe un buen motivo para ello. Si vas a pagar mil o dos mil dólares por hora, no te queda más remedio que tener claro lo que vas a preguntar antes de descolgar el auricular. Pagarle a alguien por su tiempo no solo le recompensa por el valor que aporta, sino que te obliga a asegurarte de no te pasarás toda la llamada balbuceando y que no solo no le harás perder el tiempo a él, sino que tampoco lo perderás tú.

- **Pregúntale sus motivos y escucha:** tal como ya comenté, no te limites a preguntarles a los expertos qué piensan: pregúntales cómo piensan. Utilízalos como un recurso para entrenarte sobre cómo evaluar las situaciones para poder empezar a aplicar un modo de funcionamiento de experto. No tienes por qué estar de acuerdo con lo que te dicen, pero recuerda: tu objetivo es aprender de ellos a pensar mejor, no que resuelvan el problema por ti.

- **Seguimiento:** si quieres tejer una red de contactos y conseguir que tu solicitud sea algo más que una petición transaccional, concierta una sesión de seguimiento para informar de tus progresos al margen de cuál sea el resultado. Tanto si el consejo del experto te ayudó como si no, mantenerlo al corriente de tus progresos hará que esté más dispuesto a ayudarte en el futuro. Cuando vea que te tomaste su consejo en serio, querrá ayudarte otra vez.

Por supuesto, la mayoría de los expertos no pueden contestar a todo el mundo que necesita su ayuda. Es mucho más fácil entablar una relación personal con las personas antes de necesitar su ayuda. De ese modo, tu solicitud no será puramente transaccional. Es imposible predecir en qué ámbitos podrás necesitar ayuda experta algún día, pero esa es una buena razón para tejer una extensa red social y profesional. Acabo de mirar mi buzón de entrada de la semana pasada y tenía cincuenta y tres peticiones de «ayuda» de distinta índole. Dos eran de amigos. No puedo responderlas todas, así que ¿a quién crees que le dedicaré mi tiempo?

Expertos versus imitadores

Para obtener información HiEx, tienes que recabar la ayuda de expertos de verdad. Hay muchas personas que se hacen pasar por expertas (o a quienes otras personas tildan de expertas) y que en realidad no lo son.

> **SALVAGUARDA:** dedica tiempo a distinguir a los verdaderos expertos de imitadores. No todo el mundo que afirma ser un experto lo es. Tómate el tiempo necesario para conocer la diferencia.

Piensa en todo el dinero que ganan los mánager que toman prestados sus temas de conversación de Warren Buffett. Tal vez suenen como Buffett, pero no saben invertir como Buffett. Son imitadores. Charlie Munger comentó en una ocasión acerca de esto: «Es muy difícil apreciar la diferencia entre un buen administrador de capital y un parlanchín».

Pero ¿qué pasa si tú no eres experto en la materia? ¿Cómo puedes diferenciar a un experto de un imitador?

Los expertos suelen mostrarse entusiastas acerca de su área de especialización. Por eso se les da bien: pasan incluso su tiempo libre acumulando y refinando su conocimiento y sus habilidades, y se nota. A los imitadores no les importa tanto ser buenos como parecer buenos. Y esa preocupación hace que al ego le resulte fácil imponerse.

Estos son algunos de los indicios reveladores:

- Los imitadores no son capaces de responder preguntas a un nivel más profundo. El conocimiento específico se adquiere, no se aprende, de manera que los imitadores no entienden plenamente las ideas de las que hablan.* Su conocimiento es superficial. De ahí que, cuando les preguntas por detalles, por principios básicos o por casos fuera de lo común, no sepan qué responder.

- Los imitadores son incapaces de adaptar su vocabulario. Solo son capaces de explicar las cosas empleando el vocabulario que les enseñaron, que normalmente está lleno de jerga específica. Como no entienden de verdad las ideas subyacentes a ese vocabulario, no pueden adaptar su forma de hablar acerca de esas ideas para exponerlas más claramente a su público.

- A los imitadores les frustra que no los entiendan. Esa frustración es el resultado de estar claramente preocupados por parecer expertos, lo cual podría ponerse en tela de juicio si entraran en los pormenores de una explicación. Los verdaderos expertos adquirieron su experiencia y les emociona compartir lo que saben. No les frustra que no los entiendas; de hecho, les encanta que sientas verdadera curiosidad por un tema que les apasiona.

- Los expertos no temen explicarte sus fracasos. Saben y aceptan que parte del proceso de aprendizaje comporta una forma u otra de fracaso. En cambio, los

---

* Juego de palabras con una cita de Naval Ravikant. «El conocimiento específico no puede enseñarse, pero puede aprenderse», (@naval), Twitter, 17 de enero de 2019, 22:48 h, disponible en: https://twitter.com/naval/status/108 6108038539309061.

imitadores no suelen responsabilizarse de sus errores porque temen que dañen la imagen que intentan proyectar.

- Los imitadores no conocen los límites de sus conocimientos expertos. Los expertos saben lo que saben y también lo que no saben. Entienden que sus conocimientos son limitados y son capaces de decirte cuándo se acercan a los límites de su círculo competencial. Los imitadores no. No son capaces de decir cuándo están traspasando la frontera de cosas que no entienden.

Un último apunte para diferenciar a los expertos de los imitadores: muchos de nosotros no adquirimos conocimientos sobre un tema leyendo los estudios de investigación originales ni escuchando a expertos durante horas, sino leyendo algo concebido para ser fácil de transmitir. Reflexiona sobre lo diferente que es leer un artículo académico y un artículo divulgativo sobre este. Aunque saben más que los legos en la materia, los divulgadores no son expertos en sí. Lo que se les da bien es comunicar ideas de manera clara y fácil de memorizar. De ahí que a veces se los confunda con expertos. Tenlo en cuenta cuando salgas a buscar un experto al mercado: la persona con verdadera experiencia no suele ser la que dio popularidad al tema.

CAPÍTULO 4.4

¡Hazlo!

Consideraste las opciones. Las evaluaste. Encontraste la mejor. ¡Es momento de pasar a la acción!

No tiene sentido saber lo que deberías hacer y no hacerlo. Si quieres resultados, tienes que actuar.

Tomar una decisión y ponerla en práctica es más fácil de lo que parece y más difícil de lo que los demás imaginan. Un motivo por el que a veces no actuamos es que nos da miedo lidiar con las consecuencias. No es tanto que no sepamos qué hacer cuanto que no queremos bregar con la realidad de hacerlo. No queremos mantener conversaciones, porque pueden herir sentimientos. No queremos despedir a alguien que nos cae bien, aunque sabemos que no es la persona indicada para el puesto.

Nuestro ego conspira con la convención social y la inercia predeterminadas para debilitar nuestra determinación y nos impide hacer lo que tenemos que hacer. Pero ese no es el único motivo por el que no actuamos.

241

Otro motivo importante por el que nos cuesta actuar es que tememos equivocarnos. En este caso, la inercia nos retiene mientras recopilamos más y más información con la falsa esperanza de poder llegar a eliminar toda incertidumbre.

Hay tres principios que pueden ayudarte a saber cuándo dejar de deliberar y pasar a la acción. Pero, primero, analicemos un modo útil de categorizar las decisiones considerando en qué grado son *consecuentes* y en qué grado son *reversibles*.

Consecuencia y reversibilidad

Las decisiones consecuentes afectan a las cosas más importantes: con quién te casas, dónde vives, qué negocios pones en marcha... Cuanto más afecte una decisión a las cosas que te importan, sea a corto o a largo plazo, más consecuente es.

Las decisiones reversibles pueden deshacerse mediante una línea de actuación posterior. Cuanto más difícil y costoso es deshacer los efectos de una decisión, menos reversible es. Es fácil comerse una barrita de chocolate; pero, una vez que lo hiciste, no hay vuelta atrás. No puedes deshacerlo. Lo mismo ocurre con tener un hijo. Una vez que lo tienes, no puedes echarte para atrás (¡y no querrás hacerlo!). En el extremo opuesto se hallaría una decisión cuyas repercusiones no cuesta nada desarticular. Puedo decidir apuntarme a una prueba gratuita de catorce días de algo, sabiendo que será muy fácil anular la suscripción.

Podemos representar los distintos tipos de decisiones en términos de sus grados de consecuencia y reversibilidad en un gráfico (*véase* la figura siguiente). Entre estas decisiones, dos tipos merecen especial atención: decisiones muy consecuentes e irreversibles y decisiones inconsecuentes y fácilmente reversibles.

Cuando una decisión es muy consecuente e irreversible, sus efectos se propagan como una onda expansiva por todas las esferas de la vida y no hay manera de contenerlos. Algunas personas las denominan «decisiones con efecto dominó».

Cuando las decisiones son como fichas de dominó, el costo de un error es alto. Y ocurre justamente lo contrario con una decisión inconsecuente y fácil de revertir. El costo de un error es bajo: si no te gusta el resultado, puedes revertirlo sin más. El mayor error en estos casos es desperdiciar tiempo y energía mental. Si puedes deshacer algo o si de verdad no importa, continuar recopilando información comporta malgastar recursos.

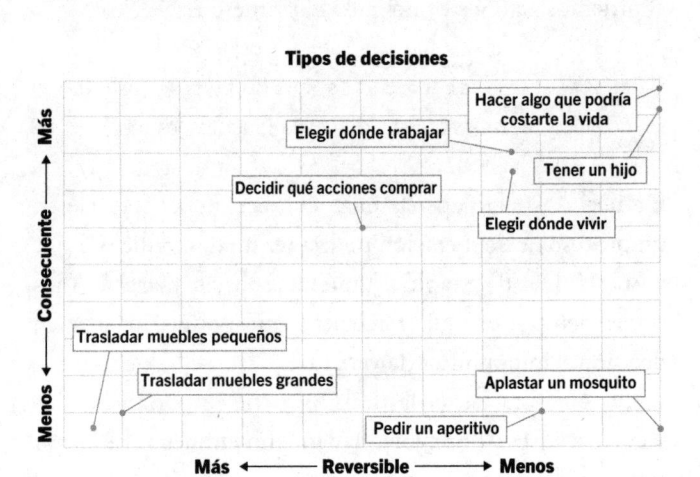

Si alguna vez compraste un colchón, sabrás exactamente a qué me refiero. Te pasas horas, cuando no días, mirando colchones, leyendo reseñas, comparando precios y considerando si eres un persona calurosa o friolenta al dormir. Al final te decides por un colchón, pides que te lo envíen a casa y solo entonces descubres que no es el colchón de tus sueños. De manera que lo cambias por tu opción alternativa. Podrías haberte ahorrado horas o días asegurándote de que la tienda tenía una política de devoluciones flexible, decidiéndote por un colchón en menos de una hora y continuando con tu vida. Cuando el costo del error sea bajo, muévete rápido.

Tres principios para la acción

Ahora que disponemos de una manera de categorizar las decisiones por su grado de consecuencia y reversibilidad, abordemos algunos principios. El primero es:

> **EL PRINCIPIO DE LO ANTES POSIBLE:** si el costo de deshacer la decisión es bajo, tómala lo antes posible.

De hecho, si algo apenas tiene consecuencias, sumirse en un proceso de deliberación podría ser un desperdicio. Elige y ya está. Decídete rápido y aprende sobre la marcha. Ahorrarás tiempo, energía y recursos que podrás invertir en decisiones importantes de verdad.

Si, por otra parte, la decisión tiene importantes consecuencias y es irreversible, hay mucho en juego. El mayor riesgo en este caso es moverse demasiado rápido y pasar por alto algo relevante. Te interesa recopilar toda la información posible antes de decidir. De ahí que el segundo principio sea:

EL PRINCIPIO DE LO MÁS TARDE POSIBLE: si el costo de deshacer una decisión es alto, retrásala lo máximo posible.

Recuerda tener en cuenta el costo del análisis en tus decisiones. Es algo que mucha gente no hace. La mayoría de las decisiones exigen un arte que equilibra la velocidad y la precisión. Cuando te mueves demasiado despacio para tomar pequeñas decisiones, desperdicias tiempo y energía, por más preciso que puedas ser. Cuando te precipitas, te saltas información crucial, das cosas por supuestas, pasas por alto aspectos básicos, tomas una decisión rápidamente y a menudo resuelves el problema equivocado. Cuando las cosas corren deprisa, incluso cuando la celeridad importa, debes ralentizar el ritmo, aunque sea solo un poco. Michael Lewis da un ejemplo de ello en *Deshaciendo errores* al explicar el caso de una mujer que se estrelló contra otro coche.[1] Los médicos la trasladaron a toda prisa al Hospital Sunnybrook, situado en el tramo de autopista más concurrido de Canadá. Sunnybrook tenía una reputación excelente en el tratamiento de emergencias y traumatismos provocados por accidentes de tránsito, pero la mujer tenía tantos huesos rotos que a los médicos se les pasaron algunos por alto. Don Redelmeier era el epidemiólogo en Sunnybrook. Su trabajo consistía en «comprobar el razonamiento de los especialistas para detectar errores mentales». Dicho de otro modo, su función era verificar el discernimiento de otras personas. «Donde existe incertidumbre hay que tomar decisiones —explicaba Redelmeier—, y donde se toman decisiones hay margen para el error humano». Los médicos pueden ser expertos, pero siguen siendo humanos, se equivocan, y, para complicar aún más las cosas, los pacientes suelen darles información poco fiable.

Cuando la situación apremia y deben tomarse decisiones de vida o muerte, a menudo vemos solo aquellas cosas que estamos específicamente entrenados para ver y nos saltamos otras que también son relevantes. En el caso que nos ocupa, la mujer presentaba otro problema además de todos los huesos rotos: tenía un ritmo cardiaco muy irregular. Antes de quedar inconsciente había mencionado que sufría hipertiroidismo, una causa clásica de un pulso irregular.

Redelmeier entró cuando el equipo que se ocupaba de ella se estaba preparando para administrarle la medicación para el hipertiroidismo: «Le pidió a todo el mundo que bajara el ritmo. Que esperara. Solo un momento. Lo justo para pensar dos veces lo que estaban haciendo y asegurarse de que no estaban intentando forzar los hechos para encajarlos en una historia fácil, coherente; pero, en última instancia, falsa».

Quería ralentizar la situación porque habían saltado a una conclusión que parecía encajar sin tener en cuenta otros aspectos: «El hipertiroidismo es una causa clásica de ritmo cardiaco irregular, pero es una causa infrecuente de un ritmo cardiaco irregular», explicaría Redelmeier más tarde. Aunque la conclusión tenía sentido, era improbable: posible pero no probable.

El personal empezó a buscar otras causas y enseguida determinó que la mujer tenía un colapso pulmonar. «Con las costillas fracturadas, el pulmón que tenía colapsado no se apreciaba en la radiografía. Pero, a diferencia de las costillas fracturadas, podía matarla». Se olvidaron de la tiroides y le trataron el pulmón colapsado y su ritmo cardiaco recuperó la normalidad. Cuando un día más tarde se recibieron los análisis oficiales de la tiroides, eran normales. Tal como afirmó Redelmeier: «Cuando enseguida te viene a la mente un diagnóstico sencillo que explica a las mil maravillas todo de golpe tienes que ser cuidadoso. Es precisamente entonces cuando tienes que parar y pensar dos veces».

Cuando hay mucho en juego y no hay vuelta atrás, conviene decidir en el último momento y mantener el máximo de opciones posibles sobre la mesa mientras continúas recopilando información.

En la autoescuela aprendemos que, cuando circulas por la autopista a gran velocidad, tienes que mantener una distancia de seguridad por delante por si acaso alguien cambia de manera imprevista a tu carril o frena abruptamente. Mantener una distancia adicional entre los vehículos te permite tener opciones ante imponderables. Y ese es también el motivo por el que deberías esperar lo máximo posible cuando debas tomar una decisión importante. Retén todas las opciones que puedas para el futuro por si algo cambia, date espacio para maniobrar y reubicarte en el camino que ofrezca la mejor oportunidad.

¿Cómo sabes cuándo es finalmente el momento de actuar?

Cuando el costo del fracaso es barato, la velocidad a la que tomas una decisión importa casi tanto como la decisión. Cuando el costo es caro, cuanto más sepas antes de pasar a la acción, mejor.

Los condicionantes predeterminados pueden transformar la precaución en una excusa para no actuar si no les opones resistencia. Cualquiera que se haya aferrado a un empleo, una relación o una inversión fallidos durante demasiado tiempo sabe que llega un punto en el que la recompensa de recabar información empieza a disminuir, es decir, que en un momento dado el costo de acumular más información supera al costo de perder tiempo u oportunidades.

Tengo un amigo que trabaja con ingenieros. Dice que tienden a ser personas que evitan el riesgo: esperan lo máximo posible a tomar las decisiones y no son capaces de ver

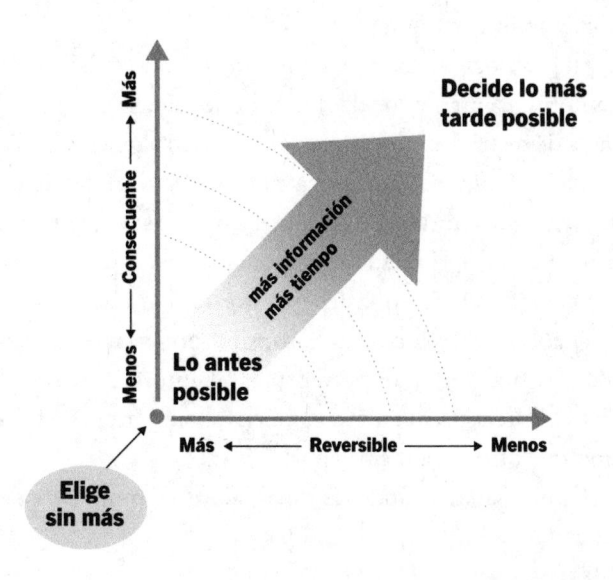

cuándo deberían actuar con más celeridad. «Piensan que recopilar más y más datos hará más firmes sus resoluciones —explica mi amigo—, y eso cuando ya llevan meses recabando información y haciendo prototipos. No saben cuándo parar y comprometerse. Y entonces empiezan a perder el interés en el problema, porque lo único que hacen es mantener reuniones, alinear sus posiciones, recopilar información y redactar un documento mamotrético explicando cómo llegaron a una conclusión. Todos tienen nociones básicas de toma de decisiones, pero les cuesta muchísimo saber cuándo hay que parar». Y eso no ocurre solo en el caso de los ingenieros.

En general, las personas que toman decisiones se vuelven cada vez más susceptibles a la parálisis del análisis por el hecho de tener infinidad de datos a su alcance. Si alguna vez lidiaste con la parálisis del análisis, un tercer principio puede ayudarte a saber cuándo dejar de deliberar y empezar a actuar:

> **EL PRINCIPIO DEL PARA, PIERDE Y APRENDE:** deja de recopilar información y ejecuta una decisión cuando hayas parado de recabar información útil, hayas perdido una oportunidad o hayas aprendido algo que indique cuál es la opción evidente que deberías elegir.

Analicemos una a una las tres condiciones del principio del para, pierde y aprende.

Para empezar, cuando dejaste de compilar información útil es momento de pasar a la acción. Acumular más información no siempre es bueno, y existen indicios que te revelan que ya dispones de la suficiente. Cuando entrevisté al cofundador de *The Princeton Review,* Adam Robinson,[2] por ejemplo, me habló de un influyente estudio realizado en 1974 por un psicólogo llamado Paul Slovic que ilustra la insensatez de acumular demasiada información.

Slovic metió a ocho pronosticadores de carreras de caballos en una habitación y les dijo que quería comprobar sus capacidades para predecir quiénes serían los ganadores de cuarenta carreras distribuidas en cuatro rondas de diez. En la primera ronda se proporcionó a cada pronosticador los cinco datos que quería saber sobre cada caballo. Uno podía querer conocer la altura y el peso del jinete y otro cuál era el mejor resultado que había obtenido un caballo. Los pronosticadores también debían indicar qué grado de seguridad tenían con respecto a sus predicciones.

Al final de la primera ronda, con solo cinco datos, consiguieron una precisión del 17%. Dado que había diez caballos por carrera, sus posibilidades eran un 70% mejores que el 10% que habrían tenido en caso de carecer de toda información. Y aventuraban que sus predicciones serían precisas en un 19%, lo cual no dista demasiado de los resultados reales.

En cada ronda se les fue suministrando más información. En la segunda se les proporcionaron diez datos; en la tercera, veinte; y en la cuarta y última, cuarenta.

En la última ronda seguían situándose en el 17% de precisión. Sin embargo, los treinta y cinco datos adicionales que se les dieron habían hecho que su confianza en la precisión de sus predicciones se elevara hasta un 34%.

La información adicional no los hizo más precisos, pero sí los hizo sentirse más seguros.

La seguridad aumenta más rápido que la precisión. «El problema de tener demasiada información —me dijo Robinson— es que no puedes razonarla». Únicamente alimenta el sesgo de confirmación. Pasamos por alto la información adicional que no se ajuste a nuestra evaluación y apuntalamos nuestra seguridad en la información adicional que sí la corrobora.

En mi vida y en las vidas de personas con quienes he trabajado, los siguientes indicios señalan que alcanzaste el límite de la información útil que puedes recopilar:

- Eres capaz de argumentar a favor y en contra de todas las opciones que te planteas desde todos los ángulos y de manera creíble.
- Intentas ahondar en tus conocimientos pidiéndole consejo a gente que está a más de un paso del problema o que carece de experiencia resolviendo problemas de ese tipo.
- Tienes la sensación de que necesitas saber algo más, pero dejaste de obtener información nueva y, en lugar de ello, entraste en una espiral de revisar la misma información (o los mismos argumentos) una y otra vez.

Cuando llegas a cualquiera de estos puntos, probablemente ya tengas toda la información útil que vayas a poder recopilar. Es momento de decidir. Ahí es cuando debes «parar». Veamos ahora cuándo debes «perder».

Si afrontas una decisión con numerosas consecuencias e irreversible y esperas lo máximo posible para tomarla, el momento de decidir es cuando empiezas a perder oportunidades. Por ejemplo, si quieres vender una casa puedes querer esperar lo máximo posible para hacerlo. La publicitarás en portales inmobiliarios, fijarás un precio y recibirás ofertas, pero si los compradores empiezan a desistir o estás a punto de infringir un contrato legal, estás comenzando a perder opciones y es momento de actuar.

De la misma manera, supón que tu pareja desea que su relación avance al siguiente nivel, ya sea haciéndola exclusiva, yéndose a vivir juntos o comprometiéndose. Son momentos importantes en la definición de una relación y, si no estás seguro, tiene sentido que te tomes tiempo para reflexionarlos bien. Pero si pospones demasiado tu respuesta, tu pareja acabará hartándose y te dejará. Justo antes de que eso ocurra, cuando tu pareja te deje claro que estás en el umbral de perder opciones, es momento de decidir.

Recuerda que la justificación en la que se sustenta el principio de decidir lo más tarde posible es conservar las opciones. Si empiezan a disminuir, es momento de pasar a la acción con la información de que dispongas. A eso me refiero con «perder»: si estás esperando a decidir y pierdes una oportunidad, no pospongas más tu decisión.

Y, por último, habrá llegado el momento de actuar cuando sabes algo que te deja claro que deberías hacerlo. A veces obtienes un dato crucial que te facilita tomar una decisión, por ejemplo, esa pérdida de la primera oportunidad. En otras ocasiones, sobre todo en situaciones más ambiguas como las relaciones personales, tienes una intuición, algo visceral que no se va ni cambia. Sea cual sea el caso, siempre hay un momento en el que sabes internamente justo lo que debes hacer.

Ahora bien, saber lo que tienes que hacer no basta. Tienes que pasar a la acción.

¡Hazlo!

Margen de seguridad

No siempre debes tener la solución definitiva para progresar. Si sigues sin tener claro cuál es el mejor camino, a menudo el siguiente paso más oportuno consiste en eliminar los que te conduzcan a resultados que no te interesan. Evitar los peores resultados mantiene las opciones y te permite seguir avanzando.

A veces se producen fracasos por motivos que escapan a nuestro control. No obstante, muchas decisiones complicadas y con graves consecuencias fracasan por razones previsibles. Cuando no nos planteamos qué puede salir mal y no planificamos con antelación, si algo se tuerce nos toma desprevenidos. Y entonces acabamos reaccionando en lugar de razonar. Es mucho más fácil planificar los posibles reveses de antemano cuando se está tranquilo y se tiene la mente abierta que reaccionar cuando las cosas empiezan a salir mal.

Cuando el fracaso se paga caro, vale la pena invertir en tener amplios márgenes de seguridad.

Si eres inversor, probablemente hayas oído la historia de Long-Term Capital Management (LTCM), el fondo especulativo fundado en 1994 por un destacado inversor que consiguió incorporar a dos premios nobeles en su junta. LTCM tenía una cartera de alto riesgo aclamada por su impresionante rendimiento: más del 21% en su primer año, el 43% en el segundo y el 41% en el tercero.

Imagina ser un inversor en este entorno. Ves este fondo especulativo despegar y tus amigos presumen de su éxito y te instan a sumarte y aprovechar el filón. Te hablan de la gente asombrosa que trabaja en la empresa, gente con un coeficiente intelectual elevadísimo, incluidos dos nobeles, gente experimentada en sus respectivos ámbitos y que invirtió cantidades sustanciales de su propio bolsillo.

Ves a tus amigos duplicar y luego cuadruplicar sus inversiones. Empiezas a preguntarte si tú también deberías invertir. Tu propia cartera está registrando un rendimiento de entre el 8 y el 12% al año, que son buenos resultados, ¡pero no el 40%! ¿Se está haciendo rico el resto del mundo mientras tú decides no arriesgar?

Piensa ahora en dos escenarios. En el primero, decides seguir el ejemplo de tus amigos e invertir todo lo que tienes en el fondo. Unos meses después, Asia y Rusia experimentan una crisis financiera. Y esa crisis, junto con las inversiones altamente apalancadas de LTCM, le hacen perder 4 600 millones de dólares en menos de cuatro meses. El gráfico siguiente muestra qué aspecto tendría esa pérdida si hubieras invertido 1 000 dólares a principios de 1994. En este escenario, tú (y tus amigos) acabarían en la bancarrota.

Imagina ahora un escenario distinto. Es noviembre de 1997. Acabas de alcanzar el máximo rendimiento de tu inversión en LTCM. Si anticipas que el futuro será distinto del pasado, probablemente no asumirás pérdidas astronómicas y querrás invertir un poco. Pero, si eres inteligente, mantendrás un margen de seguridad.

Un margen de seguridad es un amortiguador entre lo que esperas que suceda y lo que podría suceder. Está diseñado para protegerte cuando las sorpresas pasan una factura alta.

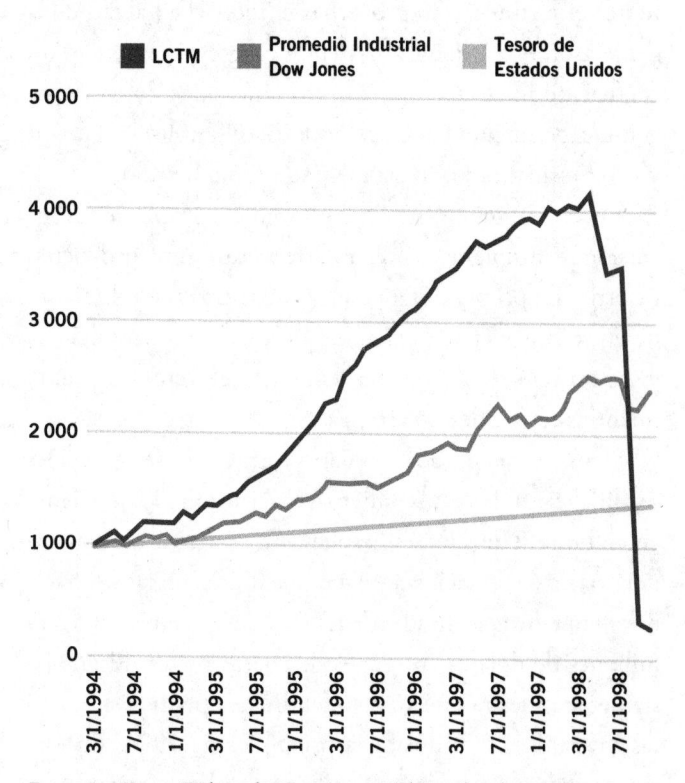

Fuente: Jay Henry, Wikimedia Commons, 26 de octubre de 2009.

Un margen de seguridad es como tener un seguro. Si sabes con antelación que no necesitarás presentar ningún parte este año, contratar un seguro es tirar el dinero. El problema es que no sabes en qué año necesitarás declarar un siniestro, así que pagas el seguro cada año. Puede parecer un desperdicio de dinero en los años en los que no se produce ningún incidente, pero demuestra su verdadero valor cuando sucede algo.

Dejar un margen de seguridad implica proporcionarte la máxima cobertura y amortiguación posible para el futuro. Es una manera de prepararte para el abanico más amplio de posibles resultados futuros y de protegerte frente a los peores. En el segundo escenario, por ejemplo, puedes prepararte para los diversos resultados negativos que puedan registrarse en 1998 invirtiendo solo una décima parte de tu cartera en el fondo. A resultas de ello, cuando la crisis financiera de 1998 impacte, a lo sumo perderás el 10% de tu inversión. Y eso no te hará feliz, pero tampoco te dejará en la ruina.

Tus condicionantes predeterminados trabajan a toda potencia en el primer escenario, no solo la convención social predeterminada que te convence de que te iría mejor seguir a la multitud, sino también el ego predeterminado, que te persuade de que no necesitas ningún margen de seguridad porque sabes lo que va a ocurrir. Te sientes seguro prediciendo el futuro, vaticinando que será igual que el pasado, que el cuarto año de LTCM será como los tres primeros. El problema es que el mañana nunca es exactamente igual al presente y, en ese cuarto año, el plan que le dio éxito a LTCM en los tres años anteriores deja de funcionar.

En el segundo escenario, tu decisión no se basa en un pronóstico, sino que te prepara para un futuro en el que tu mejor perspectiva podría no materializarse. Es una mentalidad que apuesta por la preparación, en lugar de una mentalidad basada en la predicción, y esa mentalidad te salva en el segundo escenario.

Warren Buffett tiene un dicho al que suelo recurrir: «La diversificación protege frente a la ignorancia. Tiene poco sentido si sabes lo que estás haciendo».[1] Lo que ocurre es que la mayoría de nosotros rara vez sabemos lo que hacemos con la seguridad que se necesita para ir hasta el final. Cuando no sabes lo que estás haciendo, un margen de seguridad te protege de los peores resultados. Incluso si sabes lo que haces y tomas la mejor decisión posible en el momento, las cosas cambian.

Si los peores resultados posibles no se producen en ningún momento, el margen de seguridad puede parecer un desperdicio. En el momento en que te convences de que te habría ido mejor sin un margen de seguridad es cuando más lo necesitas.

No podemos prepararnos para todo. Algunos eventos atroces desafían nuestra imaginación, y ni toda la preparación del mundo te brinda suficientes opciones para lidiar con ellos. Sin embargo, la historia nos revela que hay determinados eventos desafortunados que tenemos la garantía de que experimentaremos, aunque no sepamos cuándo. A nivel personal, entre estos figuran:

- La pérdida por la muerte de un ser querido.
- Problemas de salud.

- Cambios de relaciones.
- Presiones económicas.
- Desafíos en la consecución de nuestros objetivos profesionales.

A un nivel más macro, se incluyen los siguientes:

- Guerra y disidencia política.
- Desastres naturales.
- Cambios medioambientales y ecológicos.
- Fluctuaciones económicas: tanto crisis como expansión.
- Avances tecnológicos y resistencia a estos.

¿Cómo dotarte de un margen de seguridad?

Empecemos por una aplicación de lo más típico. Los ingenieros dejan márgenes de seguridad en todo lo que diseñan. Supongamos, por ejemplo, que estamos proyectando un puente y calculamos que en promedio deberá soportar 5 000 toneladas de peso.

Si lo construimos para que aguante 5 001 toneladas, no contamos con margen de seguridad. ¿Qué ocurrirá si un día el tráfico es algo más pesado de lo habitual? ¿O si nuestros cálculos y previsiones no son del todo exactos? ¿Qué pasará si el material se debilita con el tiempo a una velocidad superior a la que imaginábamos? Para tener en cuenta todas estas contingencias, necesitamos diseñar el puente para que soporte 10 000 o incluso 20 000 toneladas. ¿Por qué? Porque no sabemos qué nos depara el futuro. No sabemos si alguna vez se quedarán atascados múltiples camiones en el puente a la misma vez. No sabemos si, en el futuro, los vehículos serán mucho más pesados de lo que son ahora. Desconocemos muchas cosas sobre el futuro. De ahí que tengamos que construir un puente que proteja a los viajeros ante el abanico más amplio de opciones futuras posibles.

A la hora de anticipar el futuro, ten en cuenta que los peores resultados de la historia siempre tomaron a la gente por sorpresa en el momento de producirse. No puedes utilizar el peor caso histórico como tu referente. Los ingenieros no solo estudian el uso histórico de los puentes actuales. Tienes que dar rienda suelta a tu imaginación y explorar y anticipar lo que potencialmente podría salir mal.

He aquí un sencillo método heurístico para crear un margen de seguridad que te indique cuando «ya basta».

CONSEJO: el margen de seguridad suele bastar cuando es capaz de asimilar el doble de las peores previsiones. De manera que la referencia para un margen de seguridad es que sea capaz de soportar el doble de la cantidad de problemas que podría provocar una crisis o conservar el doble de la cantidad de recursos necesarios para la reconstrucción tras una crisis.

Por ejemplo, si quieres tener seguridad financiera incluso si pierdes tu empleo, puedes calcular cuánto tardarás en conseguir un nuevo trabajo y luego ahorrar lo suficiente para vivir de tus ahorros el doble de ese tiempo.

Ese es nuestro punto de partida. Pero tenemos que adaptar nuestro margen de seguridad a las circunstancias personales y coyunturales. Si el costo del fracaso es elevado y los resultados tienen consecuencias importantes, necesitas un margen de seguridad amplio. Por ejemplo, si te preocupa perder tu empleo y trabajas en un sector o en una economía volátil, te interesa aumentar el plazo durante el cual puedes cubrir tus necesidades mientras estás en paro.

Si el costo del fracaso es bajo y los resultados tienen menos consecuencias, a menudo puedes reducir o saltarte el margen de seguridad. Cuanto más tiempo existe algo y tiene un buen desempeño, más probabilidades hay de que el patrón de éxito continúe. A Coca-Cola no le va a pasar nada en el futuro próximo, ni tampoco a Johnson & Johnson.

Aun así, ni siquiera los patrones establecidos son infalibles. Tal como escribe Nassim Taleb en *El cisne negro*: «Pensemos en el pavo al que se le da de comer todos los días. Cada vez que demos de comer al pavo, confirmará su creencia en que la regla general de la vida es que a uno lo alimenten todos los días unos miembros amables del género humano», «en el mejor de sus intereses», como diría un político. «La tarde del miércoles anterior al día de Acción de Gracias, al pavo le ocurrirá algo inesperado que le obligará a revisar su creencia». Los resultados a veces pueden trastocar incluso nuestras expectativas más aposentadas.

No obstante, si tienes mucha experiencia y datos, puedes reducir el margen de seguridad un poco más. Veamos el siguiente ejemplo: Warren Buffett se propone adquirir acciones entre un 30 y un 50% por debajo de su valor real. De este modo, cuenta con un margen de seguridad sobre sus títulos de entre el 30 y el 50%. Pero está dispuesto a pagar cerca de un dólar por dólar en el caso de acciones que entiende bien, de manera que, en el caso de las acciones que le inspiran más confianza, disfrutará de un margen en torno al 20 por ciento.

Uno de los principios nucleares de Warren Buffett para adquirir un negocio es que, si no lo entiende, no lo compra. Dicho de otro modo, si no dispone de información suficiente para calcular el margen de seguridad, no invierte nada. Al mismo tiempo, es consciente de que no todos los márgenes de seguridad lo protegerán. Su objetivo no es hacer una inversión perfecta con todas las acciones que adquiere, sino desplegar la mejor estrategia posible para todos sus títulos en global.

El punto de partida es el siguiente: predecir el futuro es más difícil de lo que parece. Las cosas van viento en popa hasta que el viento empieza a soplar en contra. En momentos de bonanza, un margen de seguridad parece un desperdicio. Pero cuando vienen épocas de vacas flacas, no sobrevives sin él. Cuando más necesitas un margen de seguridad es en el momento en el que empiezas a pensar que no te hace falta.

Balas antes que balas de cañón

Si sigues recopilando información, no te obsesiones con una única opción. Mantén tus opciones de futuro abiertas dando pequeños pasos de bajo riesgo hacia tantas opciones como sea posible antes de jugártelo todo a una sola carta.

Cuando reúnes información sobre tus opciones, tu mejor apuesta es recabar los máximos datos posibles acerca de cada una de ellas sin invertir demasiado tiempo, dinero o energía en una en concreto. En *Great by Choice*, Morten Hansen y Jim Collins denominan este enfoque «disparar balas antes que balas de cañón»:[2]

> Imagina que estás en el mar y un barco hostil te acecha. Tienes una cantidad limitada de pólvora. Sacas toda la pólvora de que dispones y la utilizas para disparar una gran bala de cañón. La bala sobrevuela el océano [...] y falla el objetivo porque su trayectoria se desvía cuarenta grados. Al comprobar el arsenal, descubres que te quedaste sin pólvora. Mueres.
>
> Ahora supongamos que, cuando ves el barco aproximarse, usas un poco de pólvora para disparar una bala. Su trayectoria se desvía cuarenta grados y falla su objetivo. Cargas otra bala y disparas. Falla por treinta grados. Preparas una tercera bala y disparas, y no aciertas por solo diez grados. La siguiente bala impacta en el casco del buque enemigo. Entonces tomas toda la pólvora que te queda, disparas una gran bala de cañón con la misma trayectoria y el barco rival naufraga. Vives.[3]

He aquí un ejemplo de disparar balas antes que balas de cañón del cual fui testigo en la vida real. Un cliente mío, al que llamaremos Solomon, quería contratar a alguien para que dirigiera su empresa de fabricación, de manera que él pudiera retirarse y explorar otras oportunidades. En dos ocasiones había intentado seleccionar a un director ejecutivo que lo sustituyera, pero en ambas, aunque el candidato pintaba muy bien sobre el papel, no cumplió las expectativas en la práctica.

Le recomendé que, en lugar de hacer una gran inversión en un candidato y descartar a los demás, pidiera a dos o tres de ellos que realizaran un pequeño proyecto de prueba durante un par de semanas. Aquellos pequeños test simultáneos le permitirían seguir contando con diversas opciones y ver a los candidatos desenvolverse en la vida real sería una magnitud que le aportaría mucha más información que entrevistarlos o leer sus currículums.

A los dos candidatos se les pagó bien por su tiempo y se les encargó un proyecto que les exigía trabajar con el equipo para entender el problema, reunir información y trazar un camino a seguir.

El plan funcionó y arrojó un resultado sorprendente: el candidato con el currículum menos impresionante fue de lejos el que mejor colaboró con el equipo e hizo recomendaciones que acabaron ahorrándole a la empresa de Solomon más de lo que habrían pagado por el proyecto. Y lo que es más importante, si ninguno de los candidatos hubiera funcionado, la empresa no habría tenido que soportar la carga de un costoso finiquito. Realizar pequeños experimentos con poco riesgo en múltiples opciones, es decir, disparar balas y calibrar, te permite mantener las opciones a tu alcance antes de comprometer el grueso de tus recursos a disparar la bala de cañón. ¿Te estás planteando matricularte en la Facultad de Medicina? Conviértete en la sombra de un médico o un residente durante un día. Haz la Prueba de Admisión al Colegio de Medicina de los Estados Unidos, el conocido MCAT por sus siglas en inglés, y comprueba qué puntuación obtienes o inscríbete en diversas universidades y averigua en cuál te aceptan. ¿Te planteas cambiar de profesión? Prueba la nueva de manera autónoma unas pocas noches a la semana para empezar. ¿Te gustaría lanzar un nuevo producto? Comprueba si el público está dispuesto a pagar por él antes de fabricarlo.

Conservar opciones comporta un costo y puede transmitirte la sensación de que te estás perdiendo algo. A veces cuesta ver a los demás actuar, aun cuando sus acciones carecen de sentido para ti. ¡No te dejes engañar! Lo que opera aquí es la convención social predeterminada. Te está tentando a pensar que está bien fracasar mientras formes parte de la multitud.

Mientras que algunas personas se apresuran a seguir la corriente, otras prefieren hacer lo correcto. Retener las opciones puede hacerte parecer estúpido a corto plazo, lo cual significa que de vez en cuando tendrás que tolerar que te traten como un tonto. Pero si observas a las personas con más éxito del mundo, todas parecieron necias a corto plazo en múltiples ocasiones, mientras conservaban sus opciones al alcance y aguardaban el momento oportuno para actuar.

Warren Buffett se mantuvo en gran medida al margen de la locura de las puntocoms de finales de la década de 1990 y pareció estar perdiéndose el mercado desbocado como un toro en estampida que las acompañó. Empezó a murmurarse que se había quedado desfasado. Y durante unos años tal vez pareciera estólido a ojos de algunos especuladores... hasta que la burbuja de las tecnológicas estalló y él seguía conservando tremendas reservas de capital en efectivo.

Convive con una decisión antes de anunciarla

¿Alguna vez pasaste tiempo redactando con esmero un correo electrónico y luego, en cuanto presionaste «Enviar», te arrepentiste de ello? A mí me ha pasado. Y es unas de las peores sensaciones del mundo. Pero es peor anunciar una decisión importante demasiado pronto y luego darte cuenta de que era un error.

Muchos líderes tienen prisa por anunciar las decisiones en cuanto las toman. Y es natural: quieren demostrar que son decisivos y dejar que todo el mundo se deleite en su impresionante nueva aventura. Sin embargo, anunciarla enseguida puede ser como ese correo electrónico cuyo envío no puedes deshacer: echa las cosas a andar y hace que cambiar de opinión te resulte mucho más difícil. Por eso yo me creé esta regla personal: consultar las decisiones importantes con la almohada antes de explicárselas a nadie.*

Pero resultó que consultar las decisiones con la almohada no bastaba. Así que añadí otro elemento a la regla: antes de irme a la cama, me escribiría una nota a mí mismo explicándome por qué había tomado la decisión. Hacerlo me permite hacer visible lo invisible. Al despertarme por la mañana, leo la nota. Más a menudo de lo que me

---

* La expresión «convivir con tu decisión» está tomada de una conversación con Randall Stutman, que me enseñó muchas de las lecciones contenidas en este libro.

gustaría confesar, mi mejor pensamiento del día anterior no aguanta la inspección bajo la cruda luz matinal. A veces me doy cuenta de que en realidad no entendía el problema tan bien como creía. En otras, la decisión no parece acertada. Y acabé por aprender la importancia de explorar esta sensación.

Convivir con una decisión antes de anunciarla te permite contemplarla desde una nueva perspectiva y verificar tus propias suposiciones. Una vez que tomaste la decisión, aunque no la hayas comunicado, empiezas a ver las cosas a través de otro prisma.* Tu cerebro procesa todos los resultados potenciales de la decisión como si ya la hubieras tomado e implementado. Y esto, con frecuencia, puede ayudarte a detectar matices que te habían pasado desapercibidos y que, a su vez, pueden cambiar la manera de poner en práctica la decisión. Quizá vayas a ascender a alguien y te preocupe su capacidad para moderar una reunión o para organizar un equipo. Convivir con la decisión puede suponer pedirle a esa persona que organice una reunión, comprobar qué ocurre y, si es preciso, recalibrar tus opciones.

Además, convivir con una decisión que solo tú sabes que tomaste durante un día o dos te permite contrastar qué emociones te provoca. ¿Te hace sentir bien? ¿La ves con buenos ojos con el cerebro y con el corazón? La mayoría de las decisiones te sentarán bien. Pero un puñado no. Si una no acaba de convencerte, es señal de que hay algo

---

* Como me enseñó Randall Stutman, si vas por el mundo como si ya hubieras tomado la decisión, empiezas a filtrar toda la nueva información a través de la lente de haberla tomado.

raro y tienes que excavar un poco más antes de anunciarla. Mantener una decisión en secreto antes de ejecutarla te permite retener la posibilidad de desbaratarla.

El principio de los mecanismos de seguridad

Implementar mecanismos de seguridad te permite verificar que tu decisión se ejecute de acuerdo con lo planeado.

Imagina que estás en el monte Everest, a solo cincuenta metros de alcanzar la cima. Te duele todo el cuerpo. Estás aturdido. Tienes la sensación de que, por más hondo que respires, no recibes suficiente oxígeno. Llevas años entrenándote, te gastaste sesenta mil dólares en guías y en viajes, y en el proceso sacrificaste pasar tiempo con tu familia y tus amigos. Le dijiste a todo el mundo que hoy es el día en el que intentarás coronar el monte. Tienes delante todo aquello en lo que pusiste tanto empeño. Tienes tu objetivo a la vista. Ya casi llegaste. Pero vas con media hora de retraso y te estás quedando sin oxígeno. ¿Te das la vuelta o sigues avanzando?

Los mejores *sherpas* del mundo saben que la parte más peligrosa de coronar el monte Everest no es llegar a la cima, sino el descenso. Se gasta tanta energía en coronarlo que, incluso aunque se estén quedando sin fuerzas o sin oxígeno, los escaladores continúan esforzándose por hacerlo. Invierten tantos recursos en llegar hasta allí que se olvidan de tener en cuenta el calvario de regresar. Sucumbiendo a la «fiebre de la cumbre», olvidan que lo más importante no es llegar a la cima, sino regresar a casa. A fin de cuentas, si no sobrevives, no ganas.

Para quienes no se encontraron en esta situación y probablemente no tengan planificado escalar el Everest, la idea de la fiebre de la cumbre puede sonar un poco ridícula: ¡no vale la pena perder la vida por coronar una montaña! Pero para quienes están en la cima del monte, darle la espalda a un sueño que acarician con las puntas de los dedos puede resultar muy difícil. Además, la increíble cantidad de energía que se invierte en escalar la montaña estresa el cuerpo y nubla la mente, circunstancias ambas que los condicionantes predeterminados aprovechan para subvertir tus planes trazados con esmero e impedirte alcanzar tus verdaderos objetivos.

Escalar el Everest supone un ejemplo drástico de por qué es importante implementar mecanismos de seguridad en la fase de ejecución para asegurarte de que tu decisión se ejecute según lo previsto. ¿Conviene tirar la toalla cuando empiezas a quedarte sin oxígeno? ¿Deberías seguir adelante aunque el resto de tu material esté ya en las últimas? Los mecanismos de seguridad aprovechan el razonamiento creado cuando mejor te encuentras para protegerte en la fase de ejecución frente a los condicionantes predeterminados, cuando eres más vulnerable.

La idea de un mecanismo de seguridad está bien ilustrada en la leyenda mitológica griega de Ulises. Ulises era el capitán de su barco. Junto con su tripulación, navegaban en las proximidades de la isla habitada por las sirenas, criaturas peligrosas que atraían a los marineros a la muerte con su canto, un canto tan bello que hacía que los marineros se volvieran locos de anhelo y sus embarcaciones acabaran colisionando contra los peñascos en un intento por alcanzar la orilla de la isla.

Ulises quería escuchar el canto de las sirenas sin arriesgar las vidas de su tripulación. No pretendo decir que Ulises tomara una decisión fantástica. Si realmente hubiera sopesado todas sus opciones aplicando los principios de las salvaguardas que ya indiqué, se habría alejado de la isla. Pero esa no es la parte de la leyenda que me encanta. Lo que me vuelve loco es que Ulises implementó mecanismos de seguridad para garantizar que su decisión se ejecutara según lo previsto.

Le tapó los oídos a su tripulación con cera de abeja para que no pudiera escuchar el canto de las sirenas al aproximarse a la isla. Y para evitar que pudieran virar de rumbo, les pidió a sus hombres que lo ataran al mástil para que, dijera lo que dijera enloquecido por aquel canto, no pudiera influir en ellos ni alterar la decisión que ya había tomado. También los instruyó para que, cuanto más peleara él e insistiera en cambiar de rumbo, lo ataran con más fuerza.

La inteligente implementación de mecanismos de seguridad que llevó a cabo Ulises le permitió escuchar el canto de las sirenas y, al mismo tiempo, garantizar la seguridad de su tripulación. Por supuesto, es indispensable adoptar mecanismos de seguridad en muchos otros contextos.

Tres tipos de mecanismos de seguridad en la fase de ejecución

Hay tres tipos de mecanismos de seguridad en la fase de ejecución que deberías conocer: instalar cables de detonación, capacitar a otros para tomar decisiones y atarte las manos.

MECANISMO DE SEGURIDAD: instala cables de detonación para determinar de antemano qué harás cuando alcances una cantidad, una circunstancia o un tiempo cuantificable específico.

Los cables de detonación son formas de compromiso previo: te comprometes de antemano a proceder de una determinada manera si convergen una serie de condiciones. Por ejemplo, un equipo que escala el Everest puede instalar un cable de detonación comprometiéndose a abortar su intento de coronar el monte si no alcanzan un cierto punto a una hora concreta. En tal caso, dan media vuelta. Sin discusión. No se dedican a decidir cuando están agotados y les falta el oxígeno; ya lo decidieron y se comprometieron a dar media vuelta.

El camino hacia el éxito y el fracaso está señalizado si sabes dónde mirar. El viaje siempre contiene las respuestas. Se consideran cables de detonación tanto señales negativas como la ausencia de señales positivas. Cuando las señales son positivas, sabes que debes continuar. Pero cuando la situación se enturbia, conviene instalar cables de detonación.

Las señales negativas son banderas rojas de que algo se está desviando gravemente de su curso. Cuanto antes te des cuenta de que avanzas por el mal camino, más fácil te será darte media vuelta. El otro día yo acabé dirigiéndome hacia el este en la autopista cuando en realidad quería ir hacia el oeste. Y me di cuenta de mi error hasta que vi que me acercaba a la ciudad equivocada. Pero no solo hay que estar atento a las señales negativas. A veces, la ausencia de señales positivas también es una señal.

No ver las señales positivas que esperabas no significa necesariamente que las cosas vayan mal. Pero sí significa que vale la pena prestar atención. Muchos proyectos fracasan y muchas decisiones se vuelven un reto precisamente en este momento, cuando no se ven ni señales negativas ni las señales positivas esperadas. Cuando esto ocurre, es momento de reevaluar la situación. Pregúntate: «¿Lo más importante sigue siendo lo más importante? ¿O estaba equivocado? ¿Qué necesito para alcanzar mis objetivos ahora que pasó el tiempo pero no progresé?».

Tener cables de detonación claros instalados antes de empezar multiplica las posibilidades de éxito. Cuando todo el equipo entiende claramente los marcadores de éxito y fracaso, está capacitado para actuar en el momento en el que las cosas se desvían de su curso.

MECANISMO DE SEGURIDAD: aplica la intención del comandante para capacitar a los demás para actuar y tomar decisiones sin tu intervención.

Los grandes líderes saben que las cosas no siempre salen según lo previsto. También saben que no pueden estar en todas partes en todo momento. Los equipos tienen que saber cómo adaptarse cuando cambian las circunstancias. Y las circunstancias cambian todo el tiempo.

Dotar a un equipo de estructura suficiente para llevar a cabo una misión, pero también de la flexibilidad necesaria para reaccionar cuando se produce un cambio en las circunstancias, recibe el nombre de «intención del comandante», término militar que se aplicó por primera vez a los alemanes que intentaban derrotar a Napoleón.

Si alguna vez trabajaste en una empresa donde los empleados no pueden actuar hasta contar con la aprobación a todo de su jefe, habrás comprobado de primera mano lo que ocurre sin intención del comandante. Solo hay un punto débil. Si al jefe le pasa algo, el negocio y la misión se van a pique.

La intención del comandante capacita a todos los integrantes de un equipo a tomar la iniciativa e improvisar mientras ejecutan un plan. Impide que te conviertas en el cuello de botella y permite que cada integrante del equipo se responsabilice por sus acciones hasta alcanzar el objetivo sin tu presencia.

La intención del comandante consta de cuatro fases: formular, comunicar, interpretar e implementar. Los dos primeros conceptos, formular y comunicar, son responsabilidad del comandante superior. Debes comunicar la estrategia, la lógica que la sustenta y los límites operativos al equipo. No solo debes decirles qué hacer, sino por qué deben hacerlo y cómo llegaste a tu decisión para que entiendan el contexto, así como los límites de la acción efectiva o, lo que es lo mismo, lo que está completamente descartado. Los comandantes subordinados dispondrán así de las herramientas para las dos últimas fases: interpretar los contextos cambiantes e implementar la estrategia en dichos contextos.

Antes de ejecutar una decisión, para que no haya margen de confusión al avanzar, pregúntate:

- ¿Quién necesita conocer mis objetivos y los resultados que pretendo conseguir?
- ¿Saben cuál es el objetivo más importante?
- ¿Saben cuáles son las señales positivas y negativas que deben buscar y qué cables de detonación tienen instalados?

Un indicio de que no capacitaste a tu equipo es no poder irte de la oficina durante una semana sin que todo se desmorone. Algunos mánager piensan que esto los hace indispensables, que la incapacidad del equipo para funcionar sin ellos es una señal de lo imprescindibles que son. ¡No te engañes! Lo que opera aquí es el ego predeterminado. Un líder eficiente no tiene que estar disponible las veinticuatro horas de los siete días de la semana para que su equipo tome decisiones y alcance sus objetivos. Si no puedes irte, no significa que seas imprescindible o un líder supremamente competente: lo que significa es que eres un comunicador incompetente.

Otro indicio de que caíste en las garras del ego predeterminado es insistir en controlar todo lo que ocurre. Los buenos líderes determinan lo que hay que hacer y fijan los parámetros para conseguirlo. No les importa si alguien hace algo de manera diferente de como lo habrían hecho ellos. Mientras se avance hacia el objetivo dentro de los límites establecidos, se dan por satisfechos.

Los malos líderes insisten en que todo debe hacerse a su manera, lo cual acaba por desmoralizar a su equipo y socava tanto la lealtad como la creatividad, justo lo contrario de la intención del comandante.

MECANISMO DE SEGURIDAD: átate las manos para mantener la ejecución en marcha.

Ulises recurrió a cables de detonación y la intención del comandante para proteger su decisión. También pidió a su tripulación que le ataran las manos, un último mecanismo de seguridad para garantizar la aplicación de su decisión, motivo por el cual este tipo de salvaguarda se conoce con el nombre de «pacto de Ulises».

La idea de «atarse las manos» adquiere distintos significados en distintos contextos. Si estás a dieta, atarte las manos puede significar deshacerte de toda la comida rápida que tengas en casa para evitar tentaciones. Si inviertes, puede significar crear depósitos automatizados cada mes. Si escalas el Everest, atarte las manos puede implicar llegar a un acuerdo con todos los integrantes del grupo de que, si no alcanzan cierto punto antes de una determinada fecha, darán media vuelta.

Independientemente de qué decisión debas tomar, pregúntate: «¿Tengo alguna manera de asegurarme de que seguiré la ruta que decidí que es la mejor?». Sopesando todas tus opciones y comprometiéndote previamente con las líneas de actuación, liberas espacio para abordar otros problemas.

Aunque posterguemos al máximo la toma de una decisión, ya sabemos exactamente en qué concentrarnos y qué hacer cuando llegue el momento de tomarla. Instalamos nuestros propios cables de detonación, capacitamos a otras personas para que actúen si se activan y nos atamos las manos para no poder deshacer todo el trabajo ya realizado en un momento de estrés.

Aprende de tus decisiones

Si eres un trabajador del conocimiento, produces decisiones.[1] Es tu trabajo. La calidad de tus decisiones acabará determinando hasta dónde llegas y la celeridad a la que lo haces. Si aprendes a tomar decisiones excelentes de manera constante, no tardarás en dejar atrás a personas cuyas decisiones son meramente buenas.

Pero nadie es lo suficientemente listo para tomar decisiones fantásticas sin aprender primero. Las personas que toman decisiones excepcionales dominan la capacidad de aprender tanto de sus errores como de sus éxitos. Y esa habilidad las hace sobresalir. Les permite repetir sus éxitos y evitar reincidir en sus errores. A menos que desarrolles esa habilidad, no mejorarás tu proceso de toma de decisiones con el paso del tiempo.

Hace unos años, una empresa me contrató para ayudarles a mejorar la calidad de sus decisiones. Como primer paso, teníamos que descubrir en qué punto se hallaban. Empezamos intentando responder a una única pregunta:

cuando las personas encargadas de tomar una decisión esperaban un resultado determinado, ¿con qué frecuencia se alcanzaba ese resultado por los motivos que ellas creían?

Y lo que descubrimos las dejó boquiabiertas: solo tenían razón el 20% de las veces. La mayor parte del tiempo, cuando algo que anticipaban ocurría de verdad, no lo hacía por las razones que habían pronosticado. Dicho de otra manera, su éxito no se debía a su experiencia, sus esfuerzos o sus habilidades. Era más una cuestión de suerte que de capacidad. Aquella noticia fue un mazazo para sus egos. Pensaban que los éxitos que habían alcanzado eran consecuencia, en gran medida, de sus habilidades, pero las cifras revelaban algo muy distinto. Eran como gente que había tenido suerte jugando a la ruleta y que atribuía su éxito a contar con un «sistema».

Esta anécdota ilustra un fenómeno psicológico del que ya hablamos: el «sesgo de autoservicio» o «sesgo por interés personal», la tendencia a evaluar las cosas de tal manera que potencien la imagen que tenemos de nosotros mismos. Cuando conseguimos algo, tendemos a atribuir nuestro éxito a nuestra capacidad o esfuerzo. En cambio, cuando fracasamos en algo, tendemos a imputar nuestro fracaso a factores externos. Básicamente, si sale cara, tengo razón. Y si sale cruz, no estoy equivocado. Si quieres mejorar, tienes que reescribir las narrativas defectuosas.

El sesgo de autoservicio se interpone en el aprendizaje de las decisiones y en la mejora de tu proceso. Nuestro ego predeterminado quiere hacernos creer que somos más inteligentes de lo que somos y nos dice que trabajamos más duro y sabemos más de lo que en realidad hacemos. Esta confianza desmedida que el demonio del ego nos infunde impide que examinemos nuestras decisiones con una mirada crítica. Y hace que no seamos capaces de distinguir la habilidad de la suerte, lo que está bajo nuestro control de lo que escapa a este. Si caes en las garras de este demonio, nunca aprenderás de tus decisiones y no tomarás decisiones mejores en el futuro.

El primer principio que debes tener en mente a la hora de evaluar tus decisiones es el siguiente:

EL PRINCIPIO DEL PROCESO: cuando evalúes una decisión, concéntrate en el proceso que aplicaste para tomarla y no en el resultado.

El saber popular sugiere que los buenos resultados derivan de que buenas personas tomen buenas decisiones, y los malos resultados, de que malas personas tomen malas decisiones. Pero es fácil encontrar ejemplos que lo desmienten. Todos tomamos malas decisiones y no somos malas personas. E incluso las buenas decisiones pueden tener resultados inesperados y desafortunados a causa de la incertidumbre ineludible de la vida.

El entrenador Pete Carroll de los Seattle Seahawks entiende la diferencia entre las buenas decisiones y los buenos resultados mejor que cualquiera. En febrero de 2015, Carroll dio una orden histórica en los últimos minutos del Super Bowl XLIX que se criticó al instante como un error garrafal. Los Seahawks perdían 28 a 24, pero estaban en la primera yarda de los New England Patriots y todo apuntaba a que iban a anotar y a ponerse por delante en el marcador. Alineado en el cuadro ofensivo de Seattle se encontraba Marshawn Lynch, un ariete de 97.5 kilos que posiblemente fuera el corredor más dominante de la NFL a la sazón y que ya había corrido durante más de cien metros contra los Patriots aquel día. A continuación, incluyo un resumen rápido de una noticia de CBS Sports que explica lo que sucedió… y cómo siguen contemplándose las decisiones de Carroll en la actualidad:

> Lo que transpiró a continuación pervivirá en los anales de esta liga mientras se jueguen partidos de futbol americano. […] Carroll dio orden de efectuar un lanzamiento en el segundo intento en ruta desde el abarrotado centro del campo, un movimiento cuestionado [que tuvo como resultado] que Belichick y Tom Brady*, el jugador mejor valorado del partido, hicieran historia al conseguir su cuarto título del Super Bowl juntos.[2]

Para los aficionados en las gradas y para casi cualquier espectador, la decisión correcta parecía obvia: entregar el balón al Modo Bestia, como apodaban a Lynch. Pero, en lugar de eso, Carroll le pidió al *quarterback* Russell Wilson que lanzara un pase, y el resultado fue catastrófico.

---

* Bill Belichick y Tom Brady eran, en aquel momento, el entrenador y el mejor jugador respectivamente de los New England Patriots, el equipo contrario al de Carroll. *(N. de la T.)*.

Transcurrieron años desde aquel partido. Y se analizó hasta la saciedad. ¿Por qué no tomó el entrenador la decisión que le parecía tan evidente a todo el mundo? Basándose en información adecuada, Carroll apostó en contra de la debilidad del rival. Tras el partido, un periodista le dijo: «Todo el mundo piensa que es el mayor error de la historia». Y Carroll contestó: «Es el peor resultado de una decisión de la historia». Su proceso para tomar aquella decisión era sólido. Sencillamente no había funcionado. La vida es así... a veces.

El movimiento adecuado no siempre consigue el resultado esperado. Antes o después, todo el mundo que toma decisiones en el mundo real aprende esta lección. Los jugadores de póquer lo saben. Pueden jugar su mano a la perfección y, aun así, perder. No hay nada garantizado. Lo único que puedes hacer es jugar la mano que te tocó lo mejor que puedas.

Carroll tomó su decisión en el mayor escenario del mundo, y el resultado fue catastrófico. Pero su confianza en su decisión era inquebrantable. ¿Por qué? Porque sabía los motivos por los que había hecho aquel movimiento. Sabía que su lógica era sólida. Lo único que podía hacer era aprender del resultado.

Mucha gente da por sentado que las buenas decisiones generan buenos resultados y que las malas no. Pero no es cierto. La calidad de una única decisión no la determina la calidad del resultado. El siguiente experimento mental te ayudará a verlo con claridad.

Imagina que te sumes en un proceso de toma de decisión muy reflexivo e intencionado acerca de tu carrera profesional. Tienes ofertas de varias empresas, una de ellas una *startup* y la otra una de las listadas en Fortune 500.* En función de tu vida actual, decides apostar por esta última. El salario es inferior, pero parece una empresa más estable.

Imagina que tu amigo acaba trabajando para la *startup*. Ves cómo va ascendiendo y sus periodos vacacionales van aumentando. ¿Tomaste una buena o una mala decisión?

Ahora imagina que la *startup* se desbarata rápidamente al cabo de solo un año. ¿Afecta esto a cómo te sientes acerca de tu decisión?

Espero que entiendas adónde quiero llegar. No puedes controlar si la *startup* despegará o no. Tampoco puedes controlar, en el momento, cómo te sientes acerca de que la *startup* te ofrezca un salario más alto. Lo único que puedes controlar es el proceso que utilices para tomar la decisión. Es ese proceso el que determina si una decisión es buena o mala. La calidad del resultado es un tema aparte.

Nuestra tendencia a equiparar la calidad de nuestra decisión con el resultado recibe el nombre de «tendencia resultista». Los resultados son la parte más visible de una decisión. Y por este motivo tendemos a usarlos como indicador de la calidad de la decisión. Si obtenemos los resultados que pretendíamos, concluimos que tomamos una buena decisión. De lo contrario, solemos culpar de ello a factores externos. No es que nuestro proceso fuera deficiente; lo que era deficiente era la información de la que disponíamos. (Es justo lo contrario de lo que ocurre cuando

---

* La lista Fortune 500 es una lista publicada de forma anual por la revista *Fortune* que enumera las quinientas mayores empresas estadounidenses de capital abierto a cualquier inversor según su volumen de ventas. *(N. de la T.).*

un conocido obtiene malos resultados, momento en el que asumimos que se debe a que tomó una decisión equivocada).

Obviamente, todos queremos obtener buenos resultados; pero, como vimos, buenas decisiones pueden arrojar malos resultados y malas decisiones pueden arrojar buenos resultados. Evaluar las decisiones, sean propias o ajenas, con base en el resultado (o a cómo nos sentimos con respecto a este) no nos ayuda a distinguir la suerte de las habilidades y el control. Por este motivo, caer en la tendencia resultista no nos ayuda a mejorar. Lo único que conseguimos es estancarnos.

Si alguna vez reflexionaste sobre un mal resultado, si te preguntaste de manera recurrente: «¿Cómo es posible que no lo viera venir?», entonces habrás experimentado lo difícil y, en última instancia, inútil que resulta juzgar tus decisiones con base en cómo te sientes en retrospectiva. Piensas: «¡Ojalá hubiera hablado con esa persona (a quien no conocía entonces)!» o «Si hubiera tenido esa información (que no existía entonces), habría tomado la decisión correcta». Incluso las personas que toman las mejores decisiones obtienen malos resultados de vez en cuando.

Por ende, tomar una buena decisión gira en torno al proceso, no al resultado. Un mal resultado no te convierte en una persona que toma malas decisiones, de la misma manera que un buen resultado no te convierte en un genio. A menos que evalúes tu razonamiento en el momento en el que tomaste la decisión, nunca sabrás si tenías razón o solo tuviste suerte. Tu razonamiento de entonces permanece en gran medida invisible a menos que adoptes medidas para hacerlo visible.

Rara vez tomas decisiones que tengan un cien por cien de posibilidades de éxito. Y el tipo de decisión que tiene un 90% sigue teniendo un 10% de posibilidades de tener un resultado adverso. Lo que importa son los resultados a lo largo del tiempo y asegurarse de que ese 10% no acabe contigo.

La tabla siguiente proporciona una manera de organizar tu reflexión sobre las decisiones y sus resultados.

	Buen resultado	Mal resultado
Proceso adecuado	Tomas una buena decisión y las cosas salen según lo previsto. Te mereces el éxito que disfrutas, te lo ganaste. Pero no dejes que se te suba a la cabeza. Mantente por el buen camino y sigue mejorando tu proceso.	Tomas una buena decisión, pero las cosas no salen según lo previsto. ¡Mala suerte! No te desanimes. Confía en tu proceso. Aprende de la experiencia y sigue mejorando.
Proceso inadecuado	Tomas una mala decisión, pero tienes suerte, como ganar a la ruleta. Tu éxito es inmerecido. No hiciste nada para ganártelo. Simplemente te sonrió la suerte. Al final acabarás perdiendo. Cambia mientras puedas. Madura y toma las riendas de las decisiones que tomas.	Tomaste una mala decisión y no tuviste suerte, como perder en la ruleta. Es un fracaso merecido. Te lo ganaste. Ahora aprende la lección. Que te sirva como llamada de atención. Cambia mientras puedas. Madura y toma las riendas de las decisiones que tomas.

Un mal proceso no puede producir nunca una buena decisión. Por supuesto que puede arrojar un buen resultado, pero es distinto de tomar una buena decisión. Los resultados dependen en parte de la suerte, de la buena o de la mala.

Obtener el resultado correcto por los motivos equivocados no es un ejercicio de inteligencia o capacidades, sino un golpe de suerte.

No me malinterpretes: sienta bien tener suerte (siempre que lo sepas). Pero la suerte no es un proceso repetible que te garantice buenos resultados a largo plazo. La suerte no es algo que puedas aprender y no es algo en lo que puedas mejorar. La suerte no te dará ventaja.

Cuando empiezas a equiparar la suerte con la voluntad, estás condenado a cometer errores. Te ciegas a los riesgos que estás tomando y antes o después tendrás una sorpresa desagradable. Y cuando empiezas a confundir la suerte con la voluntad, estás condenado a desperdiciar oportunidades de aprender de tus decisiones, de mejorar tu proceso y de garantizar la obtención de mejores resultados con el paso del tiempo.

Un segundo principio para evaluar tus decisiones en retrospectiva es el siguiente:

> **EL PRINCIPIO DE LA TRANSPARENCIA:** haz tu proceso de toma de decisiones tan visible y expuesto al escrutinio como sea posible.

Evaluar las decisiones de otras personas es distinto de evaluar las propias. Rara vez vemos las intenciones de otras personas, ni su pensamiento o proceso, de manera que cuesta juzgar sus decisiones en referencia a algo que no sean los resultados.

Evaluar nuestras propias decisiones es diferente. Tenemos un conocimiento en primera persona del proceso en sí.

Podemos examinar nuestra reflexión, distinguir qué quedaba fuera de nuestro control y qué no, y qué sabíamos en el momento y qué no. A continuación, podemos extrapolar lo que aprendimos e incorporarlo en nuestro proceso la vez siguiente. Por supuesto, es más fácil decirlo que hacerlo.

A muchos de nosotros nos cuesta aprender de nuestras decisiones. Un motivo es que nuestro proceso de pensamiento y toma de decisiones a menudo nos resulta invisible. Sin querer, nos ocultamos a nosotros mismos los pasos que damos para llegar a la conclusión final. Y una vez que esa decisión se toma, no nos detenemos a reflexionar, sino que nos limitamos a seguir avanzando. Y luego, cuando analizamos en retrospectiva nuestra decisión, nuestro ego manipula nuestros recuerdos. Confundimos lo que sabemos ahora con lo que sabíamos en el momento en el que tomamos la decisión. Vemos los resultados y los incorporamos en nuestras intenciones: «Ah, yo quería hacer eso».

Si no revisas tu pensamiento en el momento en el que tomaste la decisión, lo que sabías, lo que considerabas importante y cuál fue tu razonamiento, nunca sabrás si tomaste una buena decisión o simplemente tuviste suerte. Si quieres aprender de tus decisiones, tienes que hacer el proceso de pensamiento invisible lo más visible y abierto al escrutinio posible. La salvaguarda siguiente puede ayudarte:

> **SALVAGUARDA:** guarda un registro de tus pensamientos en el momento de tomar la decisión. No confíes en tu memoria después del hecho. Intentar recordar lo que sabías y pensabas en el momento en que tomaste la decisión es absurdo.

Tu ego trabaja para distorsionar tus recuerdos y te convence de relatos que te hacen sentir más inteligente o experto de lo que eres. Nadie —creemos— podría tomar mejores decisiones que las que tomamos nosotros. La única manera de entender claramente qué pensabas cuando tomaste la decisión es llevar un registro de tus pensamientos en aquel momento.

Anotar tus pensamientos tiene varias ventajas. La primera es que un registro por escrito proporciona información acerca de tu proceso mental en el momento en que tomaste la decisión. Hace visible lo invisible. Más adelante, cuando reflexiones sobre tu decisión, contar con ese registro te resultará útil para contrarrestar los efectos distorsionadores del ego predeterminado. Puedes responder sinceramente a preguntas como: «¿Qué sabía en el momento en que tomé la decisión?» y «¿Acabaron pasando las cosas que había previsto por los motivos que creía que pasarían?».

Una segunda ventaja de llevar un registro de tus pensamientos es que, en el proceso de escribir algo, a menudo te das cuenta de que no lo entiendes tan bien como creías. Es mucho mejor (y más barato) darse cuenta de esto antes de tomar la decisión que después. Si lo haces antes, tienes la oportunidad de obtener más información y entender mejor el problema.

Una tercera ventaja de anotar tus pensamientos es que permite a otras personas ver tu proceso reflexivo, que en gran parte es invisible. Y al poder verlo, pueden comprobar si contiene errores y ofrecer una perspectiva distinta que pudiste haber pasado por alto. Si no eres capaz de explicar de manera sencilla tu pensamiento a otras personas (o de explicártelo a ti mismo), es señal de que no entiendes del todo el tema y necesitas profundizar un poco más y ampliar tu información.

Y una última ventaja de anotar tus pensamientos es que brindas a otras personas la oportunidad de aprender de tu perspectiva. Muchas empresas sacarían partido de tener una base de datos con el registro de cómo tomó cada empleado sus decisiones. Imagina el valor de un catálogo de decisiones tomadas en tu empresa en el que pudieras efectuar búsquedas. Un sistema así permitiría a personas de distintos departamentos de la empresa consultar las reflexiones de otros compañeros. Y permitiría al equipo de dirección diferenciar entre las personas que toman buenas decisiones y las personas mediocres, además de proporcionar a los empleados modelos de toma de decisiones, modelos de cómo hacerlo y de cómo no hacerlo. Si acabas construyendo un sistema así, ¡quiero mi comisión!

Todos estos principios te ayudarán a conseguir aquello a lo que aspiras, pero no a aspirar a lo que importa.

PARTE V

ASPIRAR A LO IMPORTANTE

Como hombre que ha muerto ya y que no ha vivido hasta hoy, debes pasar el resto de tu vida de acuerdo con la naturaleza.

MARCO AURELIO,
Meditaciones, libro 7

Tomar buenas decisiones se reduce a dos cosas:

1. Saber cómo conseguir lo que quieres.
2. Saber qué vale la pena querer.

El primer punto pasa por tomar decisiones eficaces. El segundo por tomar buenas decisiones. Tal vez te parezca lo mismo, pero no lo es.

Las decisiones que generan resultados inmediatos, como cerrar una venta o llenar una vacante, pueden ser eficaces, pero no conducen necesariamente a las cosas que importan de verdad en la vida, como la confianza, el amor y la salud. Las buenas decisiones, por otra parte, están en consonancia con tus objetivos y valores a largo plazo y, en última instancia, te aportan la satisfacción y la plenitud a las cuales aspiras realmente en tu negocio, tus relaciones y tu vida.*

Las decisiones eficaces te proporcionan el primer resultado, mientras que las buenas te proporcionan el último.

Todas las buenas decisiones son eficaces, pero no todas las decisiones eficaces son buenas. Las mejores decisiones consisten en determinar aquello a lo que de verdad se aspira, más allá de aquello que uno cree querer en el momento.

En la vida nos arrepentimos tanto de cosas que hicimos como de cosas que no. El mayor arrepentimiento es no vivir la vida de acuerdo con nuestros principios, no vivir la vida que queremos.

Cada condicionante predeterminado tiene su función en prepararnos para el arrepentimiento. La convención social predeterminada nos lleva a heredar objetivos de otras personas, incluso aunque sus circunstancias vitales sean muy distintas de las nuestras. La inercia predeterminada nos espolea a continuar persiguiendo los objetivos que nos fija-

---

* ¡Párrafo redactado [en el manuscrito original] con asistencia de ChatGPT, donde introduje el texto original y le pedí que lo redactara de manera más clara!

mos en el pasado, incluso después de darnos cuenta de que alcanzarlos no nos hace felices. La reacción emocional predeterminada nos lleva por uno u otro camino, persiguiendo aquello que se nos antoje en cada momento, incluso a expensas de perseguir objetivos a largo plazo más importantes. Y el ego predeterminado nos convence de aspirar a cosas como la riqueza, el estatus y el poder, incluso a expensas de la felicidad y el bienestar, tanto nuestros como de quienes nos rodean.

Si entregas a cualquiera de los condicionantes predeterminados el control de tu vida, tu destino último es el arrepentimiento. No vivas rigiéndote por los parámetros de otra persona. No dejes que nadie elija tus objetivos en la vida. Asume la responsabilidad por el punto en el que te encuentras y a donde te diriges.

La verdadera sabiduría no procede de perseguir el éxito, sino de forjarse una personalidad. Como escribió Jim Collins: «No hay eficiencia sin disciplina ni disciplina sin carácter».[1]

●

La lección oculta de Dickens

Ebenezer Scrooge es uno de los personajes más memorables de Charles Dickens, una encarnación de la codicia y la aspiración a la riqueza a expensas de todo lo demás. Scrooge recibe la visita de tres espíritus que le muestran imágenes del pasado, del presente y de un futuro posible. En ese futuro, Scrooge está muerto y el espíritu le permite escuchar las conversaciones sobre él que mantienen sus conocidos: se alegran de que haya muerto, maldicen su recuerdo, no se arrepienten de robar sus cosas y les alivia que ya no esté presente, que ya no sea una maldición en sus vidas. Scrooge contempla las consecuencias a largo plazo de las decisiones que tomó, las lamenta, suplica una segunda oportunidad y le ofrecen una oportunidad de cambiar de rumbo.*

Scrooge se regía por el marcador de la sociedad, el que amplifica nuestro instinto biológico hacia la jerarquía y nos conduce a priorizar nuestras aspiraciones de riqueza,

---

* Es uno de mis ejemplos preferidos. Una vez que Peter Kaufman me lo señaló, empecé a detectarlo por todas partes.

estatus social y poder a toda costa. Sin embargo, la visión de su futuro a largo plazo le hizo darse cuenta de que ninguna de aquellas cosas importaba en realidad, de que una vida vivida de acuerdo con los parámetros de otra persona es una vida que no vale la pena vivir. Se dio cuenta antes de que fuera demasiado tarde de que la clave para una vida provechosa es la buena compañía y las relaciones significativas.

La calidad de lo que persigues determina la calidad de tu vida. Pensamos que cosas como el dinero, el estatus social y el poder nos harán felices, pero no es así. En el momento en el que las conseguimos, no nos sentimos plenos. Queremos más. Los psicólogos Philip Brickman y Donald T. Campbell acuñaron un término para este fenómeno: «adaptación hedónica».[1] ¿Quién no ha sucumbido a ella alguna vez?

¿Recuerdas cuando tenías dieciocho años y pensabas que, si tuvieras un coche, serías feliz el resto de tu vida? Entonces te compraron un coche. Y durante una o dos semanas estuviste eufórico. Les mostrabas orgulloso el coche a tus amigos e ibas en él a todas partes. Te parecía que la vida era maravillosa. Y entonces se impuso la realidad. Los coches comportan problemas. Además de pagar el seguro, la gasolina y el mantenimiento, existe también el problema de la comparación. Cuando no tenías coche, solías compararte con personas que no tenían coche. Pero una vez que tuviste uno, empezaste a compararte con otros propietarios de coches. Y comenzaste a apreciar quién tenía un coche mejor, y entonces dejaste de ser feliz por lo que poco antes te había hecho estar en las nubes.

Volviste a tu antiguo descontento base, el punto más bajo de la adaptación hedónica. La comparación es el ladrón de la alegría.*

La comparación social se da en todo momento. A veces gira en torno a posesiones como viviendas o vehículos, pero habitualmente tiene más que ver con el estatus.

Cuando empecé a trabajar en una gran empresa, mi vocecilla interior me decía que, si conseguía un ascenso, sería feliz. Así que me esforcé y conseguí el ascenso. Durante unas semanas, no cabía en mí de felicidad. Pero luego, como en el ejemplo del coche, la realidad se impuso. Tenía nuevos problemas y nuevas responsabilidades. Y lo que es aún peor, empecé a compararme con un nuevo grupo de personas. Al cabo de poco, recaí en mi nivel anterior de insatisfacción. Se produjeron nuevos ascensos, pero ninguno de ellos me hizo más feliz. Cada vez quería más.

Intentamos convencernos de que el siguiente nivel bastará, pero nunca ocurre así. El siguiente cero en tu cuenta bancaria no hará que te sientas más satisfecho de lo que estás ahora. El siguiente ascenso no cambiará quién eres. Y ese coche lujoso no te hará más feliz. Una casa más grande no resuelve tus problemas. Y tener más seguidores en una red social no te convierte en una mejor persona.

La adaptación hedónica solo nos convierte en lo que yo denomino personas «felices-cuando», personas que creen que serán felices *cuando* suceda algo. Por ejemplo, seremos

---

* Esta cita se atribuye al presidente estadounidense Theodore Roosevelt, a Mark Twain y a C. S. Lewis; pero, al parecer, ninguno de ellos la dijo. *Véase* «Comparison Is the Thief of Joy», Quote Investigator, 6 de febrero de 2021, disponible en: https://quoteinvestigator.com/2021/02/06/thief-of-joy/.

felices cuando obtengamos el crédito que nos merecemos, o cuando nos aumenten un poco el salario o cuando encontremos a una persona especial. Sin embargo, la felicidad no es condicional.

Las personas felices-cuando en realidad nunca son felices. En el momento en el que obtienen lo que creen desear —la condición «cuando» del condicional—, tenerlo se convierte en su nueva normalidad y automáticamente aspiran a otra cosa. Una vez que se abre la puerta, pierden la perspectiva. Ni siquiera son capaces de ver de dónde venían, sino solo dónde están en ese momento.

Las cosas están ahora como esperábamos que estuvieran y empezamos a dar por sentadas las cosas buenas que nos rodean. Cuando esto ocurre, nada nos hará felices. Y una vez que sucumbimos a la adaptación hedónica y perseguimos todo lo que no nos hará felices, dejamos de perseguir lo que de verdad importa.

Scrooge es un ejemplo ficticio de conseguir el «éxito» a costa de lo que verdaderamente importa. Pero hay muchos ejemplos reales. Una vez trabajé con una persona que llegó a su posición como director de una gran empresa de un modo que debería sonarnos familiar a todos: dando codazos en una cultura hipercompetitiva. La gente con quien se cruzó de camino a convertirse en director ejecutivo solo eran medios para alcanzar su fin: quería ser rico, quería que lo respetaran y quería que todo el mundo supiera quién era. Quería estatus y reconocimiento.

Tras las reuniones, en las que se vivían momentos de tensión y aquella persona tenía ataques de genio, solía decirme: «Shane, tienes que decidir si eres un león o una oveja. Yo soy un león —añadía, y citaba a Tywin Lannister de *Juego de tronos*—: "Un león no se preocupa por la opinión de las ovejas"». Quería que todo el mundo supiera que él ocupaba la cúspide de la cadena alimentaria.

Ávido jugador de golf, solía disfrutar de varias partidas a la semana. Nunca tuvo problemas para llenar una ronda; de hecho, solía quejarse de que tenía demasiados amigos y no podía jugar con todos. Poco después de jubilarse, pensó que finalmente tendría tiempo para disfrutar de su pasatiempo favorito con sus numerosas amistades. Pero resultó que la mayoría de sus «amigos» y compañeros siempre estaban ocupados, no tenían tiempo o dejaron de responder a sus llamadas. Apenas conseguía llenar una ronda al mes.

Sus relaciones habían parecido reales y significativas; pero, en verdad, nadie quería tener nada que ver con él. Su modo transaccional de tratar a los demás hacía que las personas se sintieran utilizadas, manipuladas y frustradas. Gritaba, insultaba y tenía ataques de genio. Trabajaban con él porque tenían que hacerlo, no porque quisieran. Para él, jugar al golf era una diversión, para los demás, simplemente trabajo.

Poco después de jubilarse, llegó a la conclusión de que había intentado ganar en el juego equivocado. Había aspirado a conseguir riqueza, poder y prominencia, los objetivos que tanta gente nos dice que debemos perseguir. Los había priorizado por encima de todo lo demás y los había perseguido de manera implacable. Y al final obtuvo lo que creía anhelar. Pero se sentía vacío. Había alcanzado lo que quería a costa de no entablar relaciones significativas, las cuales, constató finalmente, eran muy importantes. Y a diferencia de Scrooge, él no tuvo una segunda oportunidad.

¿Cuántos de nosotros, en la etapa que estemos de nuestras carreras profesionales, nos hallamos en la misma trayectoria? Valoramos la riqueza y el estatus más que la felicidad, lo externo más que lo interno, y no pensamos demasiado en cómo lo perseguimos. En el proceso, acabamos aspirando a recibir elogios y reconocimiento de personas que no nos importan a costa de otras que sí.

Conocí a muchas personas con éxito cuyas vidas no envidio. Eran personas inteligentes, con determinación, tenían oportunidades y los medios para aprovecharlas. Pero se perdían otras cosas. Sabían cómo conseguir lo que querían, pero las cosas que querían no valían la pena. De hecho, las cosas que querían acabaron desfigurando sus vidas. Se perdían lo que Scrooge consigue en el feliz punto de inflexión de su historia: ese ingrediente que marca la diferencia entre las masas infelices y las pocas personas felices que existen.

Los griegos antiguos tenían una palabra para designar este ingrediente: *frónesis*, la sabiduría de ser capaz de poner orden en tu vida para alcanzar los mejores resultados.

Cuando revisas las decisiones que tomaste de adolescente, probablemente te resultan absurdas. La vez que le robaste (quiero decir, «que tomaste prestado») el coche a tu padre, la vez que te emborrachaste en una fiesta y quizá hicieras algo que no debiste haber hecho (por suerte entonces no había teléfonos con cámara) o la vez que te peleaste con un amigo por un posible ligue. Estas decisiones no te parecían estúpidas en el momento en el que ocurrieron, así que ¿por qué te lo parecen ahora? Porque ahora tienes una perspectiva a la que entonces no tenías acceso. Lo que en aquel momento te parecía lo más importante en el mundo, lo que te consumía, parece una tontería con el paso del tiempo.

La sabiduría requiere todo aquello de lo que ya hablamos: la capacidad de mantener los condicionantes predeterminados a raya, de crear espacio para razonar y reflexionar, de utilizar los principios y salvaguardas que permiten tomar decisiones eficaces. Pero ser sabio exige algo más. No basta con saber cómo conseguir aquello a lo que aspiras: también debes saber a qué cosas vale la pena aspirar, las cosas que de verdad importan. Va tanto de decir que no como de decir que sí. No podemos copiar las decisiones vitales de otras personas y esperar obtener mejores resultados. Si queremos vivir la mejor de las vidas a nuestro alcance, tenemos que adoptar un enfoque distinto.

Saber lo que se quiere es lo más importante. En el fondo, ya lo sabes. Lo único que tienes que hacer es seguir tu propio consejo. A veces, el consejo que damos a los demás es el que más deberíamos aplicarnos a nosotros mismos.

Los expertos en felicidad

En una ocasión entrevisté al gerontólogo Karl Pillemer, autor de *30 Lessons for Living: Tried and True Advice from the Wisest Americans*.[1] Pillemer había visto numerosos estudios que demostraban que las personas de setenta, ochenta o incluso más años eran más felices que los jóvenes. Y le intrigaba: «No dejaba de conocer a personas mayores, muchas de las cuales habían perdido a seres queridos, habían pasado por vicisitudes tremendas y habían tenido serios problemas de salud; pero, aun así, parecían felices y realizadas y parecían disfrutar profundamente de la vida. Y no dejaba de preguntarme: "¿De qué va todo esto?"».

Un día se le ocurrió: quizá la gente mayor supiera cosas sobre cómo vivir una vida feliz que los jóvenes desconocían. Quizá vieran cosas que nosotros no veíamos. Si algún grupo demográfico de población pudiera reivindicar su experiencia en vivir una vida feliz, serían las personas mayores. No obstante, para sorpresa de Pillemer, nadie parecía haber realizado un estudio sobre qué consejo práctico tenían los mayores para la generación más joven. Y eso lo llevó a poner en marcha su aventura de siete años de duración para descubrir «la sabiduría práctica de la tercera edad».

Su lección número uno es: ¡la vida es corta! «Cuanto mayor era el entrevistado —explicaba Pillemer—, más probable era que dijera que la vida pasa en un instante». Cuando las personas mayores les dicen a los jóvenes que la vida es corta, no pretenden sonar macabras o pesimistas. Lo que intentan es ofrecerles una perspectiva que esperan que los inspire a tomar mejores decisiones, decisiones que prioricen las cosas verdaderamente importantes. «Ojalá lo hubiera sabido a los treinta, en lugar de a los sesenta —le dijo un hombre a Pillemer—. Habría tenido mucho más tiempo para disfrutar de la vida». Ojalá pudiéramos convertir nuestra visión retrospectiva futura en nuestra visión de futuro actual.

En última instancia, el tiempo es la divisa de la vida. Las implicaciones de gestionar el breve tiempo que estamos en el planeta son como las de gestionar cualquier recurso escaso: tienes que usarlo con sabiduría, de modo que priorice lo más importante.

¿Y cuáles eran las cosas más importantes según las personas a quienes entrevistó Pillemer? Incluían las siguientes:

- Hablar con las personas que nos importan en el momento, ya sea para expresarles nuestra gratitud, para pedirles perdón o para obtener información.
- Pasar el máximo tiempo con los hijos.
- Disfrutar de los placeres diarios en lugar de esperar «grandes cosas» para ser feliz.

- Trabajar en algo que te guste.
- Elegir a tu pareja con cuidado; no precipitarte.

La lista de cosas que aseguraban que no eran importantes también resultó reveladora:

- Ninguno dijo que para ser feliz tuvieras que trabajar duro para ganar dinero.
- Ninguno dijo que fuera importante ser tan rico como las personas que te rodean.
- Ninguno dijo que debieras elegir tu carrera profesional en función de su potencial para ganar dinero.
- Ninguno dijo lamentar no haberse vengado de alguien que lo había menospreciado.

¿Y de qué era de lo que más se arrepentían? De preocuparse por cosas que nunca sucedieron. «Las preocupaciones te hacen desperdiciar tu vida», sentenció un entrevistado.

Son conocimientos importantes de las personas a quienes Pillemer describe como «los expertos más creíbles que tenemos sobre cómo vivir vidas felices y plenas en tiempos duros». Pero hay otro conocimiento incluso más relevante.

Pillemer pidió a una de sus entrevistadas que lo ayudara a entender la causa de su felicidad. La mujer reflexionó unos instantes y respondió: «En mis ochenta y nueve años de vida, aprendí que la felicidad es una elección, no una condición».

Según Pillemer: «Las personas mayores hacen una distinción clave entre las cosas que nos pasan, por un lado, y nuestra actitud interna hacia la felicidad, por el otro. Ser felices a pesar de. La felicidad no es una condición pasiva que dependa de hechos externos, ni tampoco es el resultado de nuestras personalidades. Las personas no nacen felices. En lugar de eso, la felicidad requiere un cambio consciente de planteamiento y elegir a diario el optimismo frente al pesimismo, la esperanza frente a la desesperación».

Cuanto más mayores nos hacemos, más vemos las cosas como Marco Aurelio: «Si alguna cosa exterior te contrista, no es ella la que te conturba, sino el juicio que te formas acerca de ella; pero en tu mano tienes el abolir este juicio al instante».[2]

Este conocimiento tiene unas implicaciones espectaculares. Sitúa la felicidad en una continuidad con otras decisiones de las que hablamos.

Imagina que todas las decisiones que componen tu carrera profesional y tu vida personal al final se sumaran en una decisión global de ser feliz. Puedes decidir lo que persigues en la vida. Puedes decidir cuáles son tus prioridades. Puedes decidir canalizar tu tiempo, tu energía y otros recursos hacia las cosas que de verdad importan.

Si existiera una manera de ver las cosas desde la perspectiva de las personas mayores, podríamos tener los conocimientos para vivir vidas mejores, para ver como ven estos «expertos» lo que de verdad importa y lo que no. De hecho, existe una técnica antigua para hacer justamente eso: empieza a pensar en la brevedad de la vida y empezarás a apreciar lo que de verdad importa.

«Preparemos nuestras mentes como si hubiéramos llegado al final de nuestra vida», dijo Séneca. Si quieres tener una vida mejor, empieza a pensar en la muerte.

Memento mori

Hagamos un experimento mental.

Deja la mente en blanco. Imagina que tienes ochenta años y te aproximas al final de tu vida. Quizá te queden un par de años, quizá solo un par de horas. Estás sentado en un banco en el parque en un bonito día de otoño, contemplando un río. Oyes los pájaros sobrevolándote en su migración, el agua fluye en el río y las hojas caen de los árboles y se deslizan suavemente hacia el suelo. Por el parque pasean familias, los padres y las madres llevan a sus hijitos pequeños agarrados de la mano.

Tómate el tiempo que quieras. No hay prisa.

Ahora reflexiona con atención. ¿Qué sucede en la vida que estás imaginando? ¿Quiénes son las personas que aparecen? ¿En qué sentido influiste en ellas? ¿Qué hiciste por ellas? ¿Cómo las hiciste sentir? ¿Qué lograste en la vida? ¿Qué posesiones tienes? ¿Qué es lo que más te importa a medida que te aproximas a tus últimos días? ¿Qué te parece intrascendente? ¿Qué recuerdos atesoras? ¿De qué te arrepientes? ¿Qué dicen tus amigos de ti? ¿Y tu familia?

Situarnos en la perspectiva del final de nuestra vida puede ayudarnos a entender lo que de verdad importa. Puede volvernos más sabios.

Cuando revisamos el presente a través del prisma del final de nuestra vida, los temores y deseos que ocupan nuestra atención en el momento presente se apartan para hacer hueco a cosas que tienen un mayor significado para nuestras vidas en su conjunto. Steve Jobs expresó esta idea de la manera siguiente:

> Recordar que pronto estaré muerto es la herramienta más importante que he hallado para tomar las decisiones más importantes en mi vida. Porque casi todo, todas las expectativas externas, todo el orgullo, todo el miedo a la vergüenza o al fracaso, todas esas cosas pierden todo el sentido frente a la muerte, y eso nos deja solo con lo verdaderamente importante. Recordar que vas a morir es la mejor manera de evitar caer en la trampa de pensar que tienes algo que perder.[1]

Este cambio de perspectiva nos permite convertir nuestra visión retrospectiva futura en nuestra visión de futuro actual. Nos ofrece un mapa que podemos utilizar para desplazarnos al futuro. A muchos de nosotros, contemplar la vida de este modo nos revela que nuestro rumbo actual no está completamente alineado con dónde queremos acabar. ¡Y entender eso es bueno! Saber que avanzas en la dirección incorrecta es el primer paso para reencauzarte. Cuando tienes claro lo que de verdad importa, empiezas a preguntarte: «¿Estoy haciendo un uso correcto de mi limitado tiempo?».[2]

Jobs tenía un ritual diario. Cada mañana se miraba en el espejo y se preguntaba: «Si hoy fuera mi último día de vida, ¿querría hacer lo que me dispongo a hacer?».[3] Y si la repuesta era «no» demasiados días seguidos, decía, sabía que tenía que cambiar algo. En un momento dado de mi vida, yo también puse en práctica este ritual. Y en parte fue el motivo que finalmente me llevó a dejar la agencia de inteligencia. Todos tenemos malos días, pero cuando la respuesta a la pregunta de Jobs es «no» día sí y día también, semana tras semana, es hora de hacer un cambio.

Cuando hiciste este ejercicio, probablemente hayas pensado en tus relaciones. Tal vez en el momento en el que tu pareja y tú lloraron juntos en el sillón, disfrutaron de un fin de semana romántico o pasaron por una playa agarrados de la mano. O quizá en tu boda. O quizá en un día en que experimentaste la felicidad más completa con tus hijos. Tal vez hayas pensado en un momento en el que le tendiste una mano a un amigo o en un momento en el que te la tendió él.

O tal vez tu mente se haya concentrado en las cosas de las que te arrepientes, las oportunidades que podías haber aprovechado y no aprovechaste, los sueños que no perseguiste, el negocio que no pusiste en marcha, el amor que dejaste pasar, el viaje que no hiciste, la coraza que te pusiste porque no querías que te hicieran daño, o aquella vez en que no te atreviste a hacer algo distinto para no quedar como un insensato.

Jeff Bezos utiliza un experimento mental similar:

Quería visualizarme con ochenta años y decir: «Vale, revisaré mi vida. Quiero haber minimizado el número de cosas de las que me arrepiento». [...] Supe que, cuando cumpliera los ochenta, no iba a arrepentirme de haberlo intentado [Amazon]. Que no iba a arrepentirme de intentar participar en esta cosa llamada internet que me pareció que iba a ser una revolución. Supe que, si fracasaba, no lo lamentaría, pero en cambio sí que lamentaría no haberlo intentado. Supe que eso me perseguiría cada día y, viéndolo así, me pareció una decisión increíblemente fácil de tomar.[4]

Nos arrepentimos más de las cosas que no hicimos que de las que sí hicimos. El dolor de intentar y fracasar puede ser intenso, pero al menos acostumbra a pasarse rápido. El dolor de no intentarlo, en cambio, es menos intenso, pero nunca acaba de desaparecer del todo.[5]

Las posesiones devienen menos importantes por lo que son que por lo que permiten. Apuesto lo que sea a que, en el experimento mental, no pensaste en tu casa como una inversión. Si te vino a la mente, probablemente fuera en el contexto de las relaciones y los recuerdos: las cenas en familia, las risas, las lágrimas, las fiestas, el día que te la pasaste en la cama con tu pareja, las batallas a juegos de mesa, las marcas en la puerta de la altura de tus hijos con cada edad.

Y supongo que tampoco habrás pensado en cuando viste *Breaking Bad*, *The Mandalorian* o *The Bachelor*. Probablemente no hayas pensado en todo el tiempo que te pasaste yendo de casa al trabajo y del trabajo a casa ni en los pódcast o audiolibros adicionales que escuchabas al hacerlo. Pero tal vez sí que hayas pensado en que al menos parte de ese tiempo debiste haberlo empleado en conectar con tu familia y tus amigos, o en escribir ese libro que siempre quisiste escribir.

Tal vez recuerdes las veces en que no cumpliste las expectativas de la persona que aspirabas a ser: todos lo hicimos en un momento u otro. Quizá hayas pensado en aquel día en que enviaste un correo electrónico inadecuado o en la vez en que perdiste el control de tus emociones y le gritaste a un ser querido. O quizá en la vez en que dijiste algo que no pretendías decir solo para provocar una reacción en la otra persona, porque en ese momento no sabías decirle que la querías o que estabas asustado. O tal vez hayas pensado en la vez que alguien te dijo que te necesitaba y tú estabas demasiado ocupado con tus prioridades para ayudarle.

Tal vez hayas pensado en la repercusión (o en la falta de esta) que tuviste en tu comunidad, en tu ciudad, en tu país o en el mundo. O quizá pienses en tu salud. ¿Hiciste todo lo que podías para preparar tu cuerpo para vivir hasta los ochenta, los noventa o incluso los cien años? ¿Te cuidaste para poder cuidar de otros?

Los que consideramos momentos decisivos, como los ascensos o la adquisición de una nueva casa, son menos importantes para la satisfacción vital que la acumulación de pequeños momentos que en su día parecían insignificantes. Al final, los momentos cotidianos importan más que los grandes premios. Los pequeños placeres más que las luces deslumbrantes.

Lecciones de la muerte para vivir la vida

No es que tengamos poco tiempo,
sino que perdemos mucho.

SÉNECA,
De la brevedad de la vida, capítulo 1

Evaluar tu vida a través de la lente de la muerte es crudo, imponente y quizá un poco aterrador. Queda claro lo que más importa. Cobramos conciencia de la brecha entre quiénes somos y quiénes queremos ser. Vemos dónde estamos y adónde queremos ir. Sin esa claridad, nos falta sabiduría y malgastamos el presente en cosas sin importancia.

Cuando hago este experimento mental, disfruto de una perspectiva más objetiva de mi vida. Me hace querer convertirme en una mejor versión de mí mismo.

Al principio, pienso en las cosas que quiero hacer por los demás. ¿Ayudé a las personas que me necesitaban? ¿Reservé tiempo para las personas más importantes de mi vida?

¿Soy la pareja que quiero ser, cariñoso, comprensivo y honesto con ese lado irremediablemente romántico y cursi que tengo? ¿Soy un buen padre? ¿Viajé y vi mundo? ¿Pudo contar conmigo la gente? ¿Soy un participante activo en mi comunidad? ¿He ayudado a otra gente a alcanzar sus sueños? ¿He ayudado a convertir el mundo en un lugar mejor?

Cuando conoces tu destino, te queda más claro cómo llegar hasta él. Como dice Aristóteles: «¿No es verdad, entonces, que el conocimiento de este bien tendrá un gran peso en nuestra vida y que, como aquellos que apuntan a un blanco, no alcanzaremos mejor el que debemos alcanzar?».[1]

En algún momento, mis hijos averiguaron que era más fácil salir de un laberinto caminando hacia atrás que hacia delante, sobre todo si es más duro o complicado de lo normal. Empezarlo teniendo el fin en mente, constataron, hace que resulte más fácil decidir qué camino tomar. La vida, en general, funciona de manera similar.

Si estos fueran tus últimos años de vida, ¿vivirías como vives hoy? Le planteé esta pregunta a un amigo mío un día, mientras comíamos, y no dudó en responderme: «Me gastaría todos los ahorros, no dejaría ni un centavo en las tarjetas de crédito y empezaría a drogarme». (Creo que bromeaba con lo de las drogas, o eso espero).

Cuando piensas en tu yo de noventa años, te queda claro que hacer que las tarjetas de crédito «echen humo» y consumir drogas no te hará más feliz. Al pensar en la muerte, muchas personas no piensan en malgastar dinero.[2] (Confío en que el lado negativo de las drogas esté claro). Y estoy seguro de que no pasarías tu último año revisando el correo electrónico, denigrando a alguien, ni intentando demostrarle a tu tío que aquel día de Acción de Gracias, cuando discutían de política, tenías razón.

Cuando imaginas a tu yo anciano y qué aspecto te gustaría que tuviera tu vida si la vieras en perspectiva, dejas de pensar en las pequeñas cosas que te alientan a ser reactivo en lugar de proactivo. Empiezas a ver lo que de verdad te importa. Las cosas insignificantes se muestran insignificantes y las cosas que de verdad importan empiezan a cobrar peso. Desde esta perspectiva, es más fácil avanzar hacia el futuro que anhelas. Eres capaz de ver la brecha entre dónde estás y dónde quieres estar, y de cambiar de rumbo si es necesario.

Por ejemplo, tras hacer este experimento mental, yo empecé a comer mejor, a dormir más y a hacer ejercicio de manera regular. ¿Por qué? Porque, si quiero llegar a los noventa y hacer todas las cosas que aspiro a hacer, tengo que estar sano. De la misma manera, tras hacer este experimento mental, me queda claro que quiero ser un padre más presente. De ahí que haya recortado mi uso del teléfono cuando estoy con mis hijos y haya establecido rutinas que me ayudan a conectar con ellos: cada día, al llegar a casa, nos sentamos en el sillón y hablamos sobre cómo les fue en la escuela. Por supuesto que son cambios pequeños, pero tienen un gran impacto en mí y en las personas que me importan.

Siguiendo con el experimento mental, mi mente se pregunta qué dirá la gente de mí cuando ya no esté, cuando ya no tenga la oportunidad de responderles. ¿Qué dirá la gente de verdad?

Sea lo que sea, mi oportunidad para cambiarlo es ahora, mientras aún tengo tiempo de hacerlo.[3] No todo lo que digan de mí será amable, de manera que tengo algunas relaciones que reparar. Pero aún puedo hacerlo. Puedo ser una mejor persona. ¿Por qué? Porque lo considero importante.

La sabiduría consiste en convertir tu visión retrospectiva del futuro en tu visión de futuro actual. Lo que parece importante en el momento rara vez lo es para la vida en general y, en cambio, lo que de verdad importa en la vida siempre importa en el momento.[4]

Lo que parece una victoria en el momento a menudo suele ser un triunfo superficial. Parece importante en ese instante, pero insignificante cuando se contempla desde la perspectiva de la vida en su conjunto. Cuando no avanzamos en la dirección de nuestra meta, acabamos lamentando el destino al que llegamos. Y evitar el arrepentimiento es un componente clave para la satisfacción en la vida.

Buen juicio y buena vida

Un buen juicio es, sobre todo, ser eficiente a la hora de conseguir lo importante: no lo que importa en el momento, sino lo que importa en la vida. No se trata de pensar en cómo tener éxito hoy, sino de entender por qué y cómo necesitamos estructurar nuestras vidas con el final en mente. Un buen juicio comporta, por encima de todo lo demás, ser sabio.

La gente sabia sabe lo que de verdad tiene valor. Saben mejor que nadie que solo tenemos una vida, que no hay borrador ni manera de rehacerla, que no podemos empezar desde el punto donde la dejamos guardada. No desperdician el tiempo persiguiendo ambiciones frívolas ni sucumbiendo a la adaptación hedónica. Saben en qué consiste la verdadera riqueza y se consagran a conseguirla, independientemente de lo que piensen o digan los demás.

A veces, el precio que pagas por vivir de manera sabia es que la gente te trate como un loco. Y no es para menos: los locos no pueden ver lo que hacen los sabios. Las personas sabias contemplan la vida en toda su amplitud: trabajo, salud, familia, amigos, fe y comunidad. No se concentran en una cosa y excluyen las demás. En lugar de eso, saben hallar la armonía entre las distintas esferas de la vida y persiguen cada una de ellas en proporción con el conjunto. Saben que lograr la armonía de ese modo es lo que hace que la vida tenga sentido, lo que la hace admirable y bella.

Si quieres desarrollar un mejor juicio, empieza por formularte dos preguntas: «¿Qué quiero de la vida?» y «¿Lo que le pido a la vida vale la pena?». Hasta que hayas respondido a la segunda pregunta, ningún consejo para tomar decisiones te servirá de mucho. ¿Qué provecho puedes sacar de saber cómo conseguir las cosas que quieres si esas cosas no te harán feliz? Poco importa que adquieras poder, fama o dinero si al final querrías empezar de nuevo.

El valor de pensar con claridad

El buen juicio es caro, pero un mal juicio puede costarte una fortuna.

El mensaje general de este libro es que hay instintos invisibles que conspiran contra el buen juicio. Tus condicionantes predeterminados te alientan a reaccionar sin razonar, a vivir de manera inconsciente, en lugar de deliberada.

Cuando reviertes a tus condicionantes predeterminados, juegas a un juego que no puedes ganar. Cuando vives la vida con el piloto automático puesto, obtienes malos resultados. Empeoras las cosas. Dices cosas de las cuales no puedes desdecirte y haces cosas que no puedes deshacer. Tal vez consigas tu objetivo inmediato, pero no te das cuenta de que te estás complicando conseguir tus objetivos últimos. Y todo esto ocurre sin que seas consciente de que estás tomando decisiones.

La mayoría de los libros que enseñan a pensar con claridad se centran solo en ser más racional. Pasan por alto el problema fundamental: la mayoría de los errores de juicio suceden cuando no somos conscientes de que debemos tomar una decisión. Ocurren porque nuestro subconsciente controla nuestros comportamientos y nos deja al margen del proceso de determinar lo que deberíamos hacer. Nadie elige de manera consciente discutir con su pareja, pero de repente te sorprendes diciendo cosas que hieren y que no puedes retirar. No persigues de manera consciente tener dinero y estatus a costa de tu familia, pero descubres que cada vez pasas menos tiempo con las personas que más te importan en la vida. Tampoco pretendes defender tus ideas conscientemente, pero te sorprendes sintiendo rencor hacia cualquiera que te critique.

La clave para conseguir lo que quieres de la vida es identificar cómo funciona el mundo y alinearte con él. La gente suele pensar que el mundo debería funcionar de otra manera y, al no obtener los resultados que le gustaría, intenta zafarse de su responsabilidad culpando a otras personas o a las circunstancias.[1] Eludir la responsabilidad es una receta infalible para la desdicha, y lo contrario de lo que se necesita para cultivar el buen juicio.

Resulta que para mejorar tu capacidad de discernimiento no necesitas tanto acumular herramientas para potenciar tu racionalidad como implementar salvaguardas que conviertan el camino deseado en el que ofrece menos resistencia. Se trata de diseñar sistemas cuando estás en tu mejor momento que funcionen cuando seas más vulnerable. Dichos sistemas no eliminan los condicionantes predeterminados, pero sí ayudan a identificar cuándo son estos los que manejan los controles.

Dominar tus condicionantes predeterminados requiere algo más que fuerza de voluntad. Los condicionantes predeterminados operan a nivel subconsciente, de manera que para anularlos es necesario enjaezar las fuerzas igual de potentes que atraen a tu subconsciente en la dirección correcta: hábitos, reglas y entorno. Para invalidar tus condicionantes predeterminados debes implementar salvaguardas que hagan visible lo invisible y te frenen de precipitarte en tus acciones. Y exige cultivar hábitos mentales —responsabilidad, conocimiento, disciplina y seguridad en ti mismo— que te encaucen hacia el buen camino y te mantengan en él.

No notarás las pequeñas mejoras que hagas en tu juicio hasta que sean demasiado grandes como para seguir pasando desapercibidas. De manera gradual, a medida que las mejoras se acumulen, notarás que pasas menos tiempo solucionando problemas que, de hecho, ni siquiera deberían existir. Notarás que las diversas esferas de tu vida confluyen de manera armoniosa y que experimentas menos estrés y ansiedad y más alegría.

El buen juicio no puede enseñarse, pero puede aprenderse.

Agradecimientos

Este libro es un compendio de cosas que aprendí de otras personas. No solo los conocimientos que contiene proceden de otras personas, sino que la obra en sí no existiría de no ser por ellas.

Quiero darles las gracias a mis increíbles hijos, William y Mackenzie, tanto por mostrarme el mundo a través de su curiosidad infinita como por ofrecerme un terreno fértil en el que poner a prueba estas ideas en el mundo real.

Agradezco a mis padres su apoyo, aliento y su creencia infinita en mí. Mamá, papá, los quiero. También viví momentos difíciles, pero eso me lo reservo para otro libro. Lo superé gracias a ustedes. Asimismo, quiero darles las gracias a mi maestro de inglés, el señor Duncan, y a mi mejor amigo de aquella época, Scott Corkery, cuya amistad (y familia) cambiaron para siempre mi trayectoria.

En cuanto al contenido de la obra, hay tantas personas a las que dar las gracias que de seguro no menciono a alguien. Una vez que pones un libro en circulación, no puedes cambiarlo, así que puedes consultar una lista de agradecimientos actualizada en fs.blog.

Tengo la suerte de haber aprendido de muchas personas, pero quizá quien más me haya enseñado sea Peter D. Kaufman. Muchas de las lecciones y los conocimientos recogidos en este libro emanan de las numerosas conversaciones que mantuvimos a lo largo de los años. Estoy agradecido por su amistad.

Charlie Munger, Warren Buffett, Andrew Wilkinson, Chris Sparling, James Clear, Ryan Holiday, Nir Eyal, Steve Kamb, Michael Kaumeyer, Morgan Housel, Michael Mauboussin, Alex Duncan, Kat Cole, Naval Ravikant, Jim Collins, Tobi Lütke, Annie Duke, Diana Chapman y Randall Stutman influyeron en mi pensamiento de manera importante. De hecho, muchos de sus pensamientos se han engranaron tanto en mí que ahora son indistinguibles de los míos propios. En la medida en que disfrutes de este libro, deberías consultar su trabajo y seguirlos.

Escribir un libro es un maratón, no un *sprint*, y muchas personas me ayudaron en el proceso. Gracias a Ariel Ratner, por ayudarme a empezar, y a William Jaworski, Ellen Fishbein y Samuel Nightengale de Writing.coach. Invirtieron tanto tiempo corrigiendo y transformando mis frases que algunos apartados de este libro son tan suyos como míos. Richelle DeVoe y el equipo de Pen Name me ayudaron a organizarme y a poner orden a algunos pensamientos que solo tenía hilados. Todos debemos darle las gracias a Joe Berkowitz por reducir el recuento de palabras y eliminar cosas que sobraban.

También quiero darles las gracias a los lectores que me aportaron su opinión y muchas otras cosas: Trudy Boyle, Maureen Cunningham, Setareh Ziai, Rob Fraser, Zach Smith, Whitney Trujillo, Emily Segal y Simon Eskildsen. Y mis más sinceras gracias al equipo de FS por mantenerlo todo en marcha mientras yo trabajaba en esto: Vicky Cosenzo, Rhiannon Beaubien, Dalton Mabery, Deb McGee, Laurie Lachance y Alex Gheorghe.

Gracias al equipo de Portfolio y Penguin Random House por convertir este libro en una realidad. Al Michael Jordan de la revisión, Niki Papadopoulos, por sus conocimientos y paciencia cada vez que me salté las fechas de entrega. Y a mi agente, Rafe Sagalyn, por el papel fundamental que desempeñó guiándome por el proceso de edición de un libro.

Y… gracias a ti. Me diste algo mucho más valioso que el precio de esta obra: me diste tu tiempo. Espero que la inversión en la lectura te genere dividendos en años próximos.

Gracias.

Notas

Capítulo 1.1

1   Véanse, por ejemplo: Aristóteles, *Ética a Nicómaco* (Trad. de José Luis Calvo Martínez), Madrid, Alianza Editorial, 2019; Séneca, *Cartas a Lucilio* (Trad. de Francisco Socas Gavilán), Madrid, Editorial Cátedra, 2020; Daniel Kahneman, *Pensar rápido, pensar despacio* (Trad. de Joaquín Chamorro Mielke), Barcelona, Círculo de Lectores, 2013; y Jonathan Haidt, *La hipótesis de la felicidad: la búsqueda de verdades modernas en la sabiduría antigua* (Trad. de Gabriela Poveda), Barcelona, Gedisa, 2006.

2   Esta idea de que por naturaleza tenemos tendencia a defender nuestro territorio la encontré en el libro de Robert Ardrey *Instinto de dominio en la vida animal y en los orígenes del hombre*, además de haber surgido en conversaciones con distintas personas. Mientras que los animales marcan y defienden de manera instintiva su territorio, creo que este instinto biológico se manifiesta de una manera más profunda y matizada en los humanos. Por instinto, reaccionamos cuando alguien invade no solo nuestro espacio físico, sino también la imagen que tenemos de nosotros mismos. Dado que nuestra identidad se forja también con nuestra vida laboral, cuando alguien nos critica en el trabajo, es como si un animal se internara en nuestro territorio. Hay quien utiliza este hecho para dejarte fuera de juego: te critican a ti o tus funciones para espolearte a reaccionar sin razonar.

3   Al primero que le oí este concepto de «configuración por defecto» fue a David Foster Wallace en su discurso «Esto es agua» publicado en formato

de libro como *Esto es agua. Algunas ideas, expuestas en una ocasión especial, sobre cómo vivir con compasión* (Trad. de Javier Calvo Perales), Barcelona, Random House, 2014.

Capítulo 1.2

1   Associated Press, «American Anti Claims Silver», ESPN, 22 de agosto de 2004, disponible en: https://www.espn.com/olympics/summer04/shoot ing/news/story?id=1864883.

Capítulo 1.3

1   Esta idea de obtener un juicio precipitado fue extraída del artículo de mi amigo Morgan Housel «History's Seductive Beliefs» publicado en *Collab* (blog), Collaborative Fund, 21 de septiembre de 2021, disponible en: https://www.collabfund.com/blog/historys-seductive-beliefs/.
2   Inclinación de sombrero ante Kathryn Schulz, cuyo libro *En defensa del error: un ensayo sobre el arte de equivocarse* (Trad. de María Cóndor Orduña, Madrid, Siruela, 2015) influyó en mi pensamiento.

Capítulo 1.4

1   Robert P. George (@McCormickProf), Twitter, 1 de julio de 2020, 23:23 h, disponible en: https://twitter.com/McCormickProf/status/12785296943 55292161.
2   Este ejemplo fue extraído de Paul Graham, «The Four Quadrants of Conformism», julio de 2020, disponible en: http://www.paulgraham.com/ conformism.html.
3   Parafraseando a Daniel Kahneman, *Pensar rápido, pensar despacio* (Trad. de Joaquín Chamorro Mielke), Barcelona, Círculo de Lectores, 2013.
4   Warren Buffett a los accionistas de Berkshire Hathaway, 25 de febrero de 1985, Berkshire Hathaway, disponible en: https://www.berkshirehatha way.com/letters/1984.html.

Capítulo 1.5

1   Shane Parrish y Rhiannon Beaubien, *The Great Mental Models, Volume 2: Physics, Chemistry and Biology,* Ottawa, Latticework Publishing, 2019.

2   Leonard Mlodinow, *Elastic: Flexible Thinking in a Time of Change,* Nueva York, Pantheon, 2018, pág. 156.

3   Esta cita erróneamente atribuida probablemente se tomara de Leon C. Megginson, profesor de gestión y *marketing* en la Louisiana State University de Baton Rouge. Aunque Darwin no la dijo, su atribución a él quedó inscrita en piedra…, ¡literalmente! Adorna el suelo de la California Academy of Sciences (si bien, al parecer, la academia eliminó la atribución a Darwin). *Véase* «The Evolution of a Misquotation», Darwin Correspondence Project, University of Cambridge, disponible en: https://www.darwinproject.ac.uk/people/about-darwin/six-things-darwin-never-said/evolution-misquotation.

4   Parrish y Beaubien, *The Great Mental Models, Volume 2:* págs. 76-77.

Capítulo 2.1

1   Matt Rosoff, «Jeff Bezos Has Advice for the News Business: "Ask People to Pay. They Will Pay"», CNBC, 21 de junio de 2017, disponible en: https://www.cnbc.com/2017/06/21/jeff-bezos-lessons-from-washington-post-for-news-industry.html.

2   Al leer y corregir este texto me vino a la mente el terrible y trágico caso de Rehtaeh Parsons (que fue a la misma escuela que yo, pero en otra época) y su publicación en Facebook: «Al final no recordaremos las palabras de nuestros enemigos, sino el silencio de nuestros amigos». Tu Thanh Ha y Jane Taber, «Bullying Blamed in Death of Nova Scotia Teen», *Globe and Mail,* 9 de abril de 2013, disponible en: https://www.theglobeandmail.com/news/national/bullying-blamed-in-death-of-nova-scotia-teen/article10940600/.

Capítulo 2.4

1   Shane Parrish (@ShaneAParrish), «El 99.99% del tiempo que pasamos esperando el momento ideal para hacer algo difícil es nuestra manera de racionalizar no hacer esa cosa difícil que sabes que debes hacer. No existe un momento perfecto. Lo único que tenemos es el ahora. Deja de

esperar», Twitter, 29 de julio de 2019, 22:01 h, disponible en: https://
twitter.com/ShaneAParrish/status/1156021875853578246.

2   «The Wrong Side of Right», *Farnam Street* (blog), 28 de agosto de 2017,
    disponible en: https://fs.blog/wrong-side-right/.

Capítulo 2.6

1   Adam Wells, «Darrelle Revis Sent Home by Bill Belichick for Tardiness»,
    Bleacher Report, 22 de octubre de 2014, disponible en: https://bleacher-
    report.com/articles/2241281-darrelle-revis-went-home-by-bill-belichick-
    for-tardiness.

2   «Haier: A Sledgehammer Start to Catfish Management», *IndustryWeek*,
    13 de octubre de 2013, disponible en: https://www.industryweek.com/
    leadership/companies-executives/article/21961518/haier-a-sledgeham
    mer-start-to-catfish-management.

Capítulo 2.7

1   Séneca, *Epístolas morales a Lucilio*, libro 1, epístola 11.

2   Shane Parrish, «Jim Collins: Relationships versus Transactions», *The
    Knowledge Project*, pódcast, episodio 110, disponible en: https://fs.blog/
    knowledge-project-podcast/jim-collins-2/.

3   Catón, el Censor, *De agricultura*, 1.

4   Shane Parrish, «The Work Required to Have an Opinion», *Farnam Street*
    (blog), 29 de abril de 2013, disponible en: https://fs.blog/the-work-re
    quired-to-have-an-opinion/.

5   Michel de Montaigne, *Los ensayos. Según la edición de 1595 de Marie de
    Gournay* (Trad. de Jordi Bayod Brau), Barcelona, El Acantilado, 2021,
    libro 3, capítulo 12.

6   Denzel Washington, *A Hand to Guide Me,* Des Moines, IA, Meredith
    Books, 2006, pág. 20.

7   Séneca, *Epístolas morales a Lucilio*, libro 1, epístola 11.

Capítulo 3.1

1   Richard Feynman, *El placer de descubrir* (Trad. de Javier García Sanz),
    Barcelona, Editorial Crítica, 2018.

2   Michael Abrashoff, *It's Your Ship: Management Techniques from the Best Damn Ship in the Navy*, Nueva York, Grand Central, 2002.
3   *Ibid.*

Capítulo 3.2

1   Giora Keinan, Nehemia Friedland y Yossef Ben-Porath, «Decision Making under Stress: Scanning of Alternatives under Physical Threat», *Acta Psychologica* 64, n.º 3 (marzo de 1987), págs. 219-228.
2   Shane Parrish, «Daniel Kahneman: Putting Your Intuition On Ice», *The Knowledge Project*, pódcast, episodio 68, disponible en: https://fs.blog/knowledge-project-podcast/daniel-kahneman/.

Capítulo 4.1

1   Thomas Wedell-Wedellsborg, «Are You Solving the Right Problems?», *Harvard Business Review*, enero-febrero de 2017, disponible en: https://hbr.org/2017/01/are-you-solving-the-right-problems.
2   El marco de esta idea lo tomé de Paul Graham (@paulg), «Les dije a mi hijo de 12 años y a mi hijo de 8 al regresar a casa desde la escuela: pueden invertir su energía en ser buenos en algo o en parecer geniales, pero no en ambas cosas. Toda la energía invertida en parecer geniales consume energía que podrían invertir en ser buenos», Twitter, 12 de marzo de 2021, 00:36 h, disponible en: https://twitter.com/paulg/status/137042856140 9073153.

Capítulo 4.2

1   Jim Collins, *Good to Great: Why Some Companies Make the Leap... and Others Don't*, Nueva York, HarperBusiness, 2001.
2   Séneca, *Epístolas morales a Lucilio*, epístola 91.
3   Josh Wolfe (@wolfejosh), «El fracaso procede del fracaso de imaginar el fracaso. Planificación ESPANTOSA con consecuencias imprevistas. Aumento de controles en medio de la INCERTIDUMBRE de la #covid19. Falta de previsión. Aumento de multitudes, descenso de la circulación, incremento de la CERTEZA de CONTAGIOS», Twitter, 14 de marzo de 2020, 21:51 h, disponible en: https://twitter.com/wolfejosh/status/1239006370382393345?lang=en.

4   Inspector General Especial para la Reconstrucción de Afganistán, *What We Need to Learn: Lessons from Twenty Years of Afghanistan Reconstruction*, agosto de 2021, pág. IX, disponible en: https://www.sigar.mil/pdf/lesson slearned/SIGAR-21-46-LL.pdf.

5   Roger Martin, *The Opposable Mind: Winning through Integrative Thinking*, Boston, Harvard Business Press, 2009.

6   Charlie Munger, reunión anual de Berkshire, 2003, citado en: Tren Griffin, *Charlie Munger: The Complete Investor*, Nueva York, Columbia Business School Publishing, 2015.

7   Andrew Carnegie, *The Autobiography of Andrew Carnegie*, Nueva York, PublicAffairs, 2011.

Capítulo 4.3

1   «Remembering Roger Boisjoly: He Tried to Stop Shuttle Challenger Launch», NPR, *All Things Considered*, 6 de febrero de 2012, disponible en:https://www.npr.org/sections/thetwo-way/2012/02/06/146490064/remembering-roger-boisjoly-he-tried-to-stop-shuttle-challenger-launch.

2   Tim Urban, «The Cook and the Chef: Musk's Secret Sauce», *Wait But Why* (blog), 6 de noviembre de 2015, disponible en: https://waitbutwhy.com/2015/11/the-cook-and-the-chef-musks-secret-sauce.html.

3   «George C. Marshall: Interviews and Reminiscences for Forrest C. Pogue», cinta 12m y cinta 19m, 21 de noviembre de 1956, George C. Marshall Foundation Research Library, Lexington, Virginia.

Capítulo 4.4

1   Michael Lewis, *Deshaciendo errores: Kahneman, Tversky y la amistad que nos enseñó cómo funciona la mente* (Trad. de Roberto Falcó Miramontes y Juan Manuel Ibeas Delgado), Barcelona, Debate, 2017.

2   Shane Parrish, «Winning at the Great Game with Adam Robinson (Part 2)», en: *The Knowledge Project*, pódcast, episodio 48, disponible en: https://fs.blog/knowledge-project-podcast/adam-robinson-pt2/.

Notas

Capítulo 4.5

1   Karl Kaufman, «Here's Why Warren Buffett and Other Investors Don't Diversify», *Forbes*, 24 de julio de 2018, disponible en: https://www.forbes.com/sites/karlkaufman/2018/07/24/heres-why-warren-buffett-and-other-great-investors-dont-diversify/?sh=86081474795f.
2   Jim Collins y Morten T. Hansen, *Great by Choice: Uncertainty, Chaos, and Luck—Why Some Thrive Despite Them All*, Nueva York, Harper Business, 2011.
3   *Ibid.*

Capítulo 4.6

1   «Your Product Is Decisions», *Farnam Street* (blog), 27 de noviembre de 2013, disponible en: https://fs.blog/your-product-is-decisions/.
2   Jason La Confora, «Super Bowl 49: Pete Carroll's Decision Astonishing, Explanation Perplexing», CBS Sports, 1 de febrero de 2015, disponible en: https://www.cbssports.com/nfl/news/super-bowl-49-pete-carrolls-decision-astonishing-explanation-perplexing/.

Parte V

1   Jim Collins, prólogo de *The 7 Habits of Highly Effective People: Powerful Lessons in Personal Change*, a cargo de Stephen R. Covey, ed. 30.º aniversario, Nueva York, Simon & Schuster, 2020.

Capítulo 5.1

1   Philip Brickman y Donald T. Campbell, «Hedonic Relativism and Planning the Good Society», en *Adaptation-Level Theory: A Symposium*, ed. M. H. Appley, Nueva York, Academic Press, 1971, págs. 287-305.

Capítulo 5.2

1   «Karl Pillemer, Interview No. 2», *Farnam Street* (blog), 15 de junio de 2013, disponible en: https://fs.blog/karl-pillemer-interview-no-2/.
2   Marco Aurelio, *Meditaciones*.

Capítulo 5.3

1 «"You've Got to Find What You Love", Jobs Says», *Stanford News*, 12 de junio de 2005, disponible en: https://news.stanford.edu/2005/06/12/youve-got-find-love-jobs-says/.

2 Esta pregunta es un juego con «¿Estoy haciendo un uso correcto de mi escasa y preciada vida?» que le leí por primera vez a Arthur C. Brooks en «To Be Happier, Start Thinking More about Your Death», *New York Times*, 9 de enero de 2016, disponible en: https://www.nytimes.com/2016/01/10/opinion/sunday/to-be-happier-start-thinking-more-about-your-death.html.

3 «You've Got to Find What You Love», *Stanford News*, *op. cit.*

4 Jeff Bezos, citado en Jessica Stillman, «How Amazon's Jeff Bezos Made One of the Toughest Decisions of His Career», *Inc.*, 13 de junio de 2016, disponible en: https://www.inc.com/jessica-stillman/jeff-bezos-this-is-how-to-avoid-regret.html.

5 Shane Parrish (@ShaneAParrish), «El dolor de intentar y fracasar puede ser intenso, pero al menos acostumbra a pasarse rápido. El dolor de no intentarlo, en cambio, es menos intenso pero nunca acaba de desaparecer del todo», Twitter, 10 de enero de 2019, 22:53 h, disponible en: https://twitter.com/ShaneAParrish/status/108357267067793 8176.

Capítulo 5.4

1 Aristóteles, *Ética a Nicómaco*, libro 1, capítulo 2.

2 Nicholas J. Kelley y Brandon J. Schmeichel, «Thinking about Death Reduces Delay Discounting», *PLOS One*, 2 de diciembre de 2015, disponible en: https://doi.org/10.1371/journal.pone.0144228.

3 Extraje esta idea originalmente de Drew Stegmaier, «Writing Your Own Eulogy», *Medium*, 26 de marzo de 2016, disponible en: https://medium.com/the-mission/writing-your-own-eulogy-dd177ba45374.

4 Lo comprobé en Twitter: Shane Parrish (@ShaneAParrish), «Lo que parece importante en el momento rara vez lo es para la vida en general y, en cambio, lo que de verdad importa en la vida siempre importa en el momento», Twitter, 7 de diciembre de 2019, 19:01 h, disponible en: https://twitter.com/ShaneAParrish/status/1203464699305742336.

Conclusión

1   Idea tomada de mi trabajo aquí: Shane Parrish, «Letting the World Do the Work for You», *Farnam Street* (blog), 3 de febrero de 2016, disponible en: https://fs.blog/joseph-tussman/.